Fettarm genießen

MOEWIG

Die Rezepte sind – wenn nicht anders angegeben –
für 4 Personen berechnet.
Umschlagfoto: Bunte Salatplatte

VPM Verlagsunion Pabel Moewig KG, Rastatt

Umschlagentwurf und -gestaltung: Werbeagentur Zeuner, Ettlingen
Umschlagfoto: Ceres/B. Wegner
Fotos im Innenteil: Ceres Verlag
Printed in Germany
Druck und Bindung: Graphischer Großbetrieb Pößneck GmbH
ISBN 3-8118-1295-5

Inhaltsübersicht

Seite

Vorspeisen und Snacks

Dickmilch-Sülzchen mit Tomatensoße

8 Blatt weiße Gelatine	in kaltem Wasser 10 Minuten einweichen
3 Frühlingszwiebeln	putzen, waschen, in feine Ringe schneiden, ein Drittel mit
500 ml (½ l) Dickmilch	in eine Schüssel geben, mit
½ Teel. Salz	
½ Teel. weißem Pfeffer	
1 Messerspitze Cayennepfeffer	
1 Teel. Zitronensaft	würzen, alles gut mischen, die Gelatine ausdrücken, auflösen, unterrühren, die Masse in vier mit kaltem Wasser ausgespülte Förmchen füllen, für 2 Stunden im Kühlschrank fest werden lassen. Inzwischen
2 Fleischtomaten (etwa 250 g)	kurze Zeit in kochendes Wasser legen (nicht kochen lassen), in kaltem Wasser abschrecken, enthäuten, die Stengelansätze herausschneiden, im Mixer pürieren und mit
¼ Teel. Salz	
¼ Teel. Pfeffer	
1 Eßl. Olivenöl	
1 Eßl. Balsamico Essig	würzen, die restlichen Frühlingszwiebeln einstreuen, die Sülzchen kurz in heißes Wasser halten, auf vier Teller stürzen, mit der Tomatensoße umgießen.

Fisch in Gelee

1 Bund Suppengrün	putzen, waschen
1 Zwiebel	abziehen, beide Zutaten mit
500 ml (½ l) Salzwasser	
1 Lorbeerblatt	
2 – 3 Gewürzkörnern	zum Kochen bringen, etwa 15 Minuten kochen lassen
500 g küchenfertigen Fisch (Kabeljau, Schellfisch, grüne Heringe)	unter fließendem kaltem Wasser abspülen, zu dem Suppengrün geben, zum Kochen bringen, in 10 – 15 Minuten gar ziehen lassen, aus der Brühe nehmen, enthäuten, entgräten, erkalten lassen, die Brühe durch ein Tuch gießen, erkalten lassen, entfetten, mit Wasser auf 375 ml (⅜ l) auffüllen
knapp 125 ml (⅛ l) Essig	unterrühren, mit
Salz	abschmecken
1 Päckchen Gelatine gemahlen, weiß	mit
5 Eßl. kaltem Wasser	anrühren, 10 Minuten zum Quellen stehenlassen, die Brühe zum Kochen bringen, von der Kochstelle nehmen, die Gelatine hineingeben, so lange rühren, bis sie gelöst ist, eine Form mit kaltem Wasser ausspülen, so viel von der Brühe hineingeben, daß der Boden bedeckt ist, im Kühlschrank erstarren lassen, den Aspik-Spiegel mit
Gurkenstückchen	
Eierscheiben	
Tomatenscheiben	garnieren, einige Eßl. Brühe darüber geben, wieder im Kühlschrank erstarren lassen, den erkalteten Fisch in Würfel schneiden, auf die erstarrte Brühe geben, die restliche Brühe darüber gießen, im Kühlschrank erstarren lassen, vor dem Servieren die Form kurz in heißes Wasser halten, die Sülze mit einem Messer vorsichtig vom Rand der Form lösen, auf eine Platte stürzen, mit
Zitronenspalten	
Petersilie	garnieren.

Gedünstete Herzmuscheln

1,5 kg Herzmuscheln	unter fließendem Wasser gründlich waschen und sauber bürsten, dabei aufgebrochene oder zerbrochene Muscheln aussortieren
3 Knoblauchzehen	abziehen, durch die Knoblauchpresse drücken
5 Eßl. Olivenöl	in einem großen Topf erhitzen, die Herzmuscheln darin kurz andünsten, mit
200 ml trockenem Weißwein	
200 ml Fischfond	ablöschen, erhitzen, mit Knoblauchmus,
Salz	
frisch gemahlenem Pfeffer	
3 Eßl. gewaschener, fein gehackter Petersilie	
1 Eßl. Tomatenmark	würzen, 6 – 7 Minuten darin erhitzen (nicht kochen lassen), bis sie sich öffnen, (Muscheln, die sich nach dem Garen nicht geöffnet haben, sind ungenießbar), die Muscheln in einer vorgewärmten Schüssel servieren, die Brühe nochmals abschmecken, zu den Muscheln servieren.
Beigabe:	Frisches Stangenweißbrot.
Tip:	2 gewaschene, enthäutete und entkernte Tomaten in Stücke schneiden, in die Brühe geben

Gefüllte Baguettes

4 Baguettebrötchen (300 g)	halbieren, die Schnittfläche mit
40 g Butter	bestreichen, die unteren Hälften mit
Endiviensalatblättern Tomatenscheiben (von 1 Tomate) 100 g Salatgurkenscheiben 100 g gekochtem Schinken (in Streifen) 200 g Käsescheiben (z. B. Cambozola) Kräuterblättern (z. B. Basilikum, Petersilie)	belegen, mit den oberen Baguettehälften bedecken.

Grüne Riesenpizza

(Foto Seite 17)

	Für den Teig
250 g Weizenmehl (Type 405)	mit
50 g Maismehl	mischen, in eine Rührschüssel sieben
150 g trockenen Magerquark 6 Eßl. Olivenöl 1 Ei 1 Teel. getrockneten Oregano Salz 1 Eßl. Wasser	hinzufügen, die Zutaten mit elektrischem Handrührgerät mit Knethaken auf höchster Stufe in etwa 1 Minute zu einem geschmeidigen, formbaren Teig verarbeiten

	Für den Belag
300 g Broccoli	putzen, unter fließendem kaltem Wasser abspülen, abtropfen lassen, in einem Topf reichlich Wasser mit
Salz	zum Kochen bringen, den Broccoli darin etwa 2 Minuten blanchieren, mit einem Schaumlöffel herausheben, abtropfen lassen
200 g Zuckerschoten (ersatzweise tiefgekühlt)	waschen, abtropfen lassen, die Enden abzwicken, dabei eventuell vorhandene Fäden abziehen, von
1 – 2 Bund kleine Frühlingszwiebeln	Wurzeln und welke Blätter abschneiden, waschen, trockentupfen, der Länge nach halbieren
200 g Zucchini	waschen, trockentupfen, die Enden abschneiden, die Zucchini in Scheiben schneiden
1 Bund Petersilie	unter fließendem kaltem Wasser abspülen, trockentupfen, die Blätter von den Stengeln zupfen, mit
4 Eßl. saurer Sahne	mit dem Pürierstab des Handrührgerätes pürieren, den Teig zur Kugel formen, auf ein mit Backpapier ausgelegtes Backblech legen und nach allen Seiten zu einem großen, viereckigen Fladen ausrollen, flachdrücken, mit der Petersiliensahne bestreichen, je ein Viertel mit einer der Gemüsesorten belegen,
300 g Edamer	in Würfel schneiden, auf die Pizza streuen
Ober-/Unterhitze:	etwa 175 °C (vorgeheizt)
Heißluft:	etwa 150 °C (nicht vorgeheizt)
Gas:	etwa Stufe 3 (vorgeheizt)
Backzeit:	25 – 30 Minuten.

Gurkenstücke „gefüllt“

1 Salatgurke	waschen, abtrocknen, die Enden abschneiden, das Fruchtfleisch aushöhlen (evtl. für Gurkenbowle oder Suppe verwenden)
250 g Sahnequark (40 % F.)	mit etwas Milch glattrühren
gekeimte Mungobohnen (Tr.-gewicht etwa 50 g)	
1 Bund Schnittlauch	
Pfeffer	
Hefeextrakt	
Meersalz	unterrühren Quarkmasse in die Gurken füllen, mit
1 Eßl. Sonnenblumenkerne	garnieren.

Huhn in Sherryaspik

1 küchenfertige Poularde (etwa 1 ¼ kg)	waschen, in
1 ½ l kochendes Salzwasser	geben, zum Kochen bringen, abschäumen, in etwa 45 Minuten gar kochen lassen
1 Bund Suppengrün	putzen, waschen, kleinschneiden, hinzufügen, etwa 20 Minuten vor Beendigung der Garzeit
2 mittelgroße Möhren	putzen, schälen, waschen, hinzufügen, die gare Poularde aus der Brühe nehmen, erkalten lassen, von Haut und Knochen befreien, das Fleisch in Würfel schneiden, die Möhren mit einem Buntmesser in Scheiben schneiden, die Brühe durch ein Tuch gießen, erkalten lassen, entfetten, 750 ml (¾ l) davon abmessen

2 Päckchen Gelatine gemahlen, weiß	mit
6 Eßl. kaltem Wasser	anrühren, 10 Minuten zum Quellen stehenlassen, die abgemessene Brühe zum Kochen bringen, von der Kochstelle nehmen, die Gelatine hineingeben, so lange rühren, bis sie gelöst ist
100 ml Sherry dry **3 Eßl. Zitronensaft**	unterrühren, mit
Salz **Pfeffer** **Worcestersoße**	abschmecken, eine Form oder Schüssel (etwa 1 ½ l Inhalt) mit kaltem Wasser ausspülen, so viel von der Sherry-Brühe hineingeben, daß der Boden bedeckt ist, im Kühlschrank erstarren lassen
2 Stangen Staudensellerie (etwa 150 g)	putzen, waschen, quer in Streifen schneiden, in
kochendes Salzwasser	geben, zum Kochen bringen, etwa 1 Minute kochen, kalt abspülen, abtropfen lassen
125 g Champignons	putzen, waschen, in das kochende Salzwasser geben, zum Kochen bringen, etwa 1 Minute kochen lassen, kalt abspülen, abtropfen lassen, vierteln, den Aspikspiegel mit Möhrenscheiben,
Petersiliensträußchen	belegen, darauf abwechselnd etwas von dem Fleisch, den Möhren, dem Staudensellerie, den Champignons verteilen, so oft einschichten, bis alle Zutaten verbraucht sind, mit der restlichen Sherry-Brühe übergießen, im Kühlschrank erstarren lassen, vor dem Servieren die Form kurz in heißes Wasser halten, die Sülze mit einem Messer vorsichtig vom Rand der Form lösen, auf eine Platte stürzen, mit
Petersilie **Möhren** **Staudensellerie**	garnieren.

Marinierte Bohnen

(Foto Seite 18)

200 g rote und weiße Bohnen	waschen, mit Wasser bedecken, über Nacht mit
1 Thymianzweig	einweichen, Bohnen mit dem Einweichwasser und
500 ml (½ l) Gemüsebrühe	in einen Topf geben
1 Zwiebel	abziehen, mit
2 Nelken	spicken
2 Knoblauchzehen	abziehen, mit
1 Lorbeerblatt	zu den Bohnen geben, die Bohnen 90 Minuten kochen, die Bohnen durch ein Sieb gießen, die Gewürze entfernen
	Für die Marinade
1 Zwiebel	abziehen, würfeln, mit
Meersalz	bestreuen, etwa 10 Minuten ziehen lassen
2 Knoblauchzehen	abziehen, zerdrücken, zu der Zwiebel geben, mit
½ – 1 Teel. Senf	
gemahlenem Pfeffer	
½ Teel. gerebeltem Oregano	
4 Eßl. Rotweinessig	
5 Eßl. Olivenöl	
1 Bund feingehackter glatter Petersilie	vermengen, die Marinade unter die Bohnen mischen, einige Stunden durchziehen lassen.

Toast mit Birnen und Preiselbeeren

4 Scheiben (160 g) Grahambrot oder anderes leichtes Vollkornbrot	leicht vortoasten (evtl. mit Haushaltspapier trocken-tupfen), zusammen mit
20 g (4 gestr. Teel.) Pflanzenmargarine	
6 – 8 Birnenhälften (aus der Dose)	
2 Eßl. Preiselbeeren, gesüßt	auf dem Toast verteilen
120 g Camembert (30 % F.i.Tr.)	in Scheiben schneiden, auf die Brote geben, auf dem Rost im vorgeheizten Backofen (Strom: etwa 200 °C/Gas: 3 – 4) 15 – 20 Minuten überbacken.

Tomaten mit Mozzarella

3 kleine Tomaten	waschen, die Stengelansätze herausschneiden, die Tomaten in Scheiben schneiden
250 g Mozzarella	in Scheiben schneiden, abwechselnd schuppenförmig mit den Tomatenscheiben auf einer Platte anrichten.
	Für die Sauce
4 Eßl. Sojaöl	mit
1 Eßl. gehäuftem Teel. Estragonsenf	
Salz	
gestoßenem grünem Pfeffer	mit einem Schneebesen zu einer cremigen Masse schlagen, über die Zutaten verteilen, mit
Basilikumblättchen	garnieren.

Tomaten-Drink

(1 Portion)

250 g Tomaten	waschen, die Stengelansätze entfernen, die Tomaten in Stücke schneiden
75 g Honigmelone, geschält	in Stücke schneiden, beide Zutaten nach und nach in einen elektrischen Entsafter geben
1 Teel. Zitronensaft	unter den Saft rühren, mit
Cayennepfeffer	
Worcestersoße	
Salz	abschmecken, den Tomaten-Drink in ein Glas füllen, mit
Schlagsahne	verzieren, mit
Paprika edelsüß	bestreuen, mit
Wasser-Eiswürfeln (aus dem Gefrierfach)	servieren.

Tomaten-Feuer

500 g reife Tomaten	waschen, kleinschneiden
2 kleine Zwiebeln	abziehen, würfeln, die beiden Zutaten mit
1 Eßl. Zucker (15 g)	
1 Teel. Salz	
frisch gemahlenem Pfeffer	
Cayennepfeffer	
etwas Tabasco	zugedeckt bei schwacher Hitze in etwa 20 Minuten gar dünsten, die Masse durch ein Sieb streichen, mit Zucker, Salz und Gewürzen abschmecken, den Saft erkalten lassen, in 4 Gläser je einen Eiswürfel geben, mit dem kalten Tomatensaft auffüllen, mit
frischem Majoran	verzieren.

Tomaten-Quark-Dip

(Foto Seite 19)

500 g Fleischtomaten	kurze Zeit in kochendes Wasser legen (nicht kochen lassen), in kaltem Wasser abschrecken, enthäuten, die Stengelansätze herausschneiden, die Tomaten halbieren, entkernen, in Würfel schneiden, mit
2 Packungen (je 200 g) Grünem Pfeffer-Quark	verrühren, in einen tiefen Teller geben
5 – 6 Stengel Staudensellerie	putzen, die Stengel waschen, gut abtropfen lassen, evtl. halbieren, in etwa 10 cm lange Stücke schneiden, von
1 Staude Chicorée	die äußeren Blätter entfernen, den Strunk keilförmig herausschneiden, den Chicorée in Blätter teilen, waschen, gut abtropfen lassen, beide Zutaten mit dem Dip anrichten.

Überbackene Jacobsmuscheln

1 Packung tiefgekühlte Jacobsmuscheln	über Nacht im Kühlschrank auftauen lassen, in Scheiben schneiden, auf 4 Gratinförmchen oder Muschelschalen verteilen
1 Fleischtomate	kurze Zeit in kochendes Wasser legen (nicht kochen lassen), in kaltem Wasser abschrecken, enthäuten, halbieren, entkernen, die Stengelansätze herausschneiden
100 g Champignons	putzen, waschen, kleinschneiden
1–2 kleine Schalotten	
2–3 Knoblauchzehen	abziehen, fein würfeln, mit der Tomate und den Champignons im Mixer pürieren, mit
Salz	
frisch gemahlenem Pfeffer	abschmecken, das Püree auf die Muscheln verteilen
1 Eßl. Butter	in Flöckchen daraufsetzen

1 Eßl. frisch geriebenen Parmesan-Käse darüberstreuen, die Gratinformen (oder Muschelschalen) auf dem Rost in den vorgeheizten Backofen schieben

Ober-/Unterhitze: etwa 250 °C (vorgeheizt)
Heißluft: etwa 220 °C (nicht vorgeheizt)
Gas: Stufe 4 – 5 (vorgeheizt)
Backzeit: etwa 10 Minuten.
Beigabe: Baguette.
Tip: Eine zerdrückte Knoblauchzehe unter die Butter kneten. Statt Jacobsmuscheln können auch Miesmuscheln aus der Dose verwendet werden. Dazu das Muschelfleisch auf ein Sieb geben und gut abtropfen lassen. Die Muscheln dann, wie im Rezept beschrieben, weiter verarbeiten.

Zwiebelpizza

Für den Hefeteig

20 g Hefe mit 2 – 3 Eßlöffel von
150 ml lauwarmem Wasser verrühren, bis sie sich vollkommen aufgelöst hat, das restliche Wasser dazugießen

30 g (2 Eßl.) Pflanzenöl
1 Teel. Thymian, gerebelt
wenig Salz hinzufügen
250 g Weizen, sehr fein gemahlen unterrühren, so lange kräftig schlagen, bis sich der Teig vom Schüsselrand löst
den Teig zugedeckt etwa 20 Minuten an einem warmen Platz gehenlassen

	Für den Belag
150 g rote und weiße kleine Zwiebeln, vorbereitet	in feine Ringe schneiden
250 g schnittfeste Tomaten, vorbereitet	an der Oberseite leicht einritzen, kurze Zeit in kochendes Wasser legen (nicht kochen lassen), in kaltem Wasser abschrecken die Tomaten enthäuten, halbieren, in Scheiben schneiden, die Stengelansätze herausschneiden, den gegangenen Teig nochmals gut durchkneten, gleich große Kugeln daraus formen, mit bemehlten Händen zu Fladen formen, auf ein gefettetes Backblech legen, die Ränder mit
5 g (1 Teel.) Pflanzenöl	bestreichen (sie werden dann knuspriger) Tomatenscheiben und Zwiebelringe auf den 4 Fladen verteilen, mit
Rosmarin, Oregano, Thymian, Pfeffer	würzen im vorgeheizten Backofen (Strom: etwa 200 °C/ Gas: etwa 3) 20 – 25 Minuten backen 4 – 5 Minuten vor Beendigung der Backzeit
100 g gehobelten Edamer Käse (30 % F.i.Tr.)	auf den Fladen zerlaufen lassen.

Suppen und Eintöpfe

Champignon-Suppe

300 g Champignons	putzen, waschen, in Scheiben schneiden
2 mittelgroße Zwiebeln	abziehen, würfeln
20 g Margarine	zerlassen, Pilze und Zwiebelwürfel darin andünsten
500 ml (½ l) Instant-Hühnerbrühe	hinzugießen, zum Kochen bringen, gar kochen lassen
1 Ecke Schmelzkäse (62,5 g)	unterrühren, die Suppe mit
Salz	
Pfeffer	abschmecken
3 Eßl. Weißwein	unterrühren, die Suppe mit
1 Eßl. gehackter Petersilie	bestreuen
Kochzeit:	Etwa 10 Minuten.

Bohnen-Kartoffel-Suppe

1 Zwiebel	abziehen, halbieren, in kleine Würfel schneiden von
500 g Stangenbohnen	die Enden abschneiden, die Bohnen waschen
500 g mehlig-kochende Kartoffeln, vorbereitet	schälen, waschen
	die Bohnen in kleine Stücke, die Kartoffeln in kleine Würfel schneiden, die Zwiebelwürfel in
5 g (1 Teel.) Pflanzenöl	glasig dünsten lassen
	Kartoffelwürfel und Bohnenstücke hinzufügen, kurz andünsten
gut 750 ml (¾ l) Wasser	hinzugießen
1 Teel. Bohnenkraut	
3 – 4 Liebstöckelblätter	
Muskat	
Pfeffer	
1 Lorbeerblatt	
1 Eßl. Hefeflocken	

wenig Salz	hinzufügen die Suppe zum Kochen bringen, bei schwacher Hitze etwa 30 Minuten kochen lassen ¼ der Suppe abnehmen, das Lorbeerblatt entfernen die restliche Suppe pürieren, die abgenommene Suppe wieder hinzufügen, die Suppe mit wenig Salz abschmecken
2 Eßl. gehackte Petersilie	hinzufügen.

Bouillon mit Ingwerklößchen

(Foto Seite 37)

750 ml (¾ l) salzlose Brühe	erhitzen
1 Teel. Magerquark 100 g Hackfleisch (vom Rind)	vermischen, mit
Pfeffer	und
1 kleinen Scheibe frischem, feingehacktem Ingwer (ersatzweise 1 Teel. gemahlen)	abschmecken
1 Teel. gehackte Petersilie	abspülen, trockentupfen, Blättchen vom Stengel zupfen, feinhacken, untermischen mit angefeuchteten Händen kleine Klößchen formen, in die Brühe geben, etwa 5 Minuten ziehen lassen
30 g Möhren, vorbereitet	putzen, waschen, fein schälen, in sehr feine Streifen schneiden
30 g Lauch, vorbereitet	putzen, längshalbieren, unter fließendem, kaltem Wasser waschen, in sehr feine Streifen schneiden Gemüsestreifen und
3 Eßl. Sherry	in die Bouillon geben, 2 – 3 Minuten garen vor dem Servieren
einige frische Blättchen Kerbel	in die Suppenterrine geben.

Bunter Gemüse-Eintopf mit Hackfleisch-Bällchen

(6 Portionen)

500 g Fleischknochen	unter fließendem kaltem Wasser abspülen, in
1 ½ l Salzwasser	zum Kochen bringen, etwa 1 ½ Stunden kochen lassen
375 g Kartoffeln	schälen, waschen, in kleine Würfel schneiden, die Knochen aus der Brühe nehmen, die Brühe durch ein Sieb gießen, Kartoffelwürfel,
2 Päckchen (je 450 g) tiefgekühltes Suppengemüse	in die Brühe geben, mit
Salz	
Pfeffer	und nach Belieben mit
gehackten Bohnenkrautblättchen	
gehackten Thymianblättchen	
gehackten Majoranblättchen	würzen, etwa 10 Minuten kochen lassen
für die Hackfleisch-Bällchen	
½ Brötchen (Semmel)	in kaltem Wasser einweichen
1 mittelgroße Zwiebel	abziehen, fein würfeln
375 g Hackfleisch (halb Rind-, halb Schweinefleisch)	mit dem gut ausgedrückten Brötchen, den Zwiebelwürfeln und
Senf	vermengen, mit
Salz	
Pfeffer	abschmecken, aus der Masse mit nassen Händen Bällchen formen, 15 Minuten vor Beendigung der Garzeit in den Eintopf geben, gar ziehen lassen, den Eintopf mit
1 Eßl. gehackter Petersilie	bestreuen
Garzeit:	Etwa 2 Stunden.
Veränderung:	Einige Broccoliröschen mitkochen lassen.

Bunte Gemüse-Suppe

125 g vorbereiteten Blumenkohl	in Röschen teilen
2 mittelgroße Möhren	putzen, schrappen, mit einem Buntschneidemesser in Scheiben schneiden
125 g Grüne Bohnen	evtl. abfädeln, waschen, in Stücke brechen oder schneiden
1 Stange Porree (125 g)	putzen, in 1 – 2 cm große Stücke schneiden, waschen
1 Stück Sellerie-knolle (125 g)	putzen, schälen, kleinschneiden
100 g junge ausge-palte Erbsen	waschen
40 g Margarine	zerlassen, das kleingeschnittene Gemüse darin andünsten
2 mittelgroße Tomaten	kurze Zeit in kochendes Wasser legen (nicht kochen lassen), in kaltem Wasser abschrecken, enthäuten, die Tomaten kleinschneiden, zu dem Gemüse geben
750 ml (3/4 l) Knochenbrühe	hinzugießen, mit
Salz	
Pfeffer	würzen, zum Kochen bringen, gar kochen lassen, die Suppe mit
2 Eßl. gehackten Kräutern (z. B. Petersilie, Kerbel)	bestreuen
Kochzeit:	Etwa 20 Minuten.
Einlage:	Grießklößchen.

Buttermilch-Kaltschale

30 g Rosinen oder Korinthen	in lauwarmem Wasser ausquellen lassen, abtropfen lassen
1 l Buttermilch	mit
50 g geriebenem Schwarzbrot	
etwa 50 g Zucker	
etwas Zitronensaft	verschlagen, die Rosinen (Korinthen) hinzufügen, die Suppe abschmecken, kühl stellen.

Erbsen-Suppe mit Grießklößchen

375 g junge ausgepalte Erbsen (1 ¼ kg mit Schoten)	waschen, abtropfen lassen
2 mittelgroße Zwiebeln	abziehen, fein würfeln
20 g Margarine	zerlassen, die Zwiebelwürfel darin glasig dünsten lassen, die Erbsen (3 Eßl. zurücklassen) hinzufügen, kurz andünsten
750 ml (¾ l) Knochenbrühe	hinzugießen, mit
Salz	
Pfeffer	würzen, zum Kochen bringen, etwa 15 Minuten kochen lassen, durch ein Sieb streichen
Grießklößchen	zubereiten, mit den zurückgelassenen Erbsen in die Suppe geben, in etwa 10 Minuten gar ziehen lassen
10 g Butter	unterrühren, die Suppe mit Salz abschmecken, nach Belieben mit
gehackter Petersilie	bestreuen
Garzeit:	Etwa 25 Minuten.

Gemüse-Rindfleisch-Eintopf

500 g Rindfleisch	unter fließendem kaltem Wasser abspülen, trockentupfen, in Würfel schneiden
30 g Margarine	erhitzen, das Fleisch unter Wenden schwach darin bräunen lassen, mit
Salz	
Pfeffer	würzen
1 l Knochenbrühe	hinzufügen, 30 – 40 Minuten kochen lassen
1 kg Gemüse (Erbsen, Möhren,Kohlrabi, Blumenkohl)	Erbsen auspalen, Möhren putzen, schrappen, Kohlrabi schälen, Blumenkohl in Röschen teilen
375 g Kartoffeln	schälen, Gemüse und Kartoffeln waschen, Möhren, Kohlrabi, Kartoffeln in Würfel schneiden, das Gemüse zu dem Fleisch geben, mit Salz, Pfeffer würzen, zum Kochen bringen, gar kochen lassen, den Eintopf mit
2 Eßl. gemischten, gehackten Kräutern	bestreuen
Garzeit:	Etwa 1 ¼ Stunden.

Graupensuppe

70 g Graupen (Rollgerste, mittelfein)	in
1 Teel. Speiseöl	kurz andünsten
750 ml (¾ l) Gemüsebrühe	dazugießen
1 Lorbeerblatt	
1 Teel. gerebelten Majoran	
geriebene Muskatnuß	
frisch gemahlenen Pfeffer	dazugeben, die Suppe zum Kochen bringen, bei schwacher Hitze etwa 40 Minuten kochen lassen
100 g Möhren	putzen, schälen, in feine Scheiben schneiden
1 Frühlingszwiebel	putzen, waschen, in feine Ringe schneiden

100 g Blumen-kohlröschen	waschen, halbieren oder vierteln, das Gemüse 15 Minuten vor Beendigung der Garzeit in die Suppe geben, mitkochen lassen, nochmals mit Muskatnuß, Pfeffer abschmecken
2 Eßl. gehackte glatte Petersilie	darüberstreuen, servieren.

Grüne Bohnen-Eintopf

500 g Rindfleisch	unter fließendem kaltem Wasser abspülen, trockentupfen, in Würfel schneiden
1 kg Grüne Bohnen	evtl. abfädeln, waschen, in kleine Stücke brechen oder schneiden
500 g Kartoffeln	schälen, waschen, abspülen, in Würfel schneiden
40 g Margarine	erhitzen, das Fleisch unter Wenden schwach darin bräunen lassen
1 mittelgroße Zwiebel	abziehen, würfeln, kurz bevor das Fleisch genügend gebräunt ist, die Zwiebelwürfel hinzufügen, kurz miterhitzen
1 Stengel Bohnenkraut	abspülen, das Fleisch mit
Salz frisch gemahlenem Pfeffer	würzen, Bohnenkraut, Bohnen, Kartoffeln,
500 ml (½ l) Wasser oder Brühe	hinzufügen, gar schmoren lassen, den Eintopf mit Salz abschmecken
Garzeit	etwa 80 Minuten.

Hähnchen-Fenchel-Suppe

200 g Hähnchenbrust	unter fließendem kaltem Wasser abspülen, trockentupfen, in Streifen schneiden
1 Eßl. Sojasauce	mit
1 Teel. Gewürzmischung Geflügel	und evtl.
Currypulver	verrühren, die Hähnchenstreifen untermischen, 15 Minuten marinieren
200 g Fenchel	putzen, waschen, vierteln, in Streifen schneiden
1 Eßl. Speiseöl	erhitzen, Fenchelstreifen darin andünsten, mit
750 ml (3/4 l) Gemüsebrühe	ablöschen, 8 – 10 Minuten garen, Hähnchenstreifen mit der Marinade in die Suppe geben, aufkochen, 5 – 6 Minuten garen lassen, mit
gehacktem Fenchelgrün	bestreut servieren.

Irish Stew

(Im Sicomatic)

	Von
1 kg Wirsing oder Weißkohl	die schlechten äußeren Blätter entfernen, den Kohl vierteln, den Strunk herausschneiden, den Kohl in Streifen schneiden, waschen, gut abtropfen lassen
3 mittelgroße Zwiebeln	abziehen, würfeln
250 g Kartoffeln	schälen, waschen
1 mittelgroße Möhre	putzen, schrappen, waschen, die drei Zutaten kleinschneiden
500 g Hammelfleisch (ohne Fett und Knochen)	unter fließendem kaltem Wasser abspülen, trockentupfen, in Würfel schneiden
30 g Pflanzenfett	im Sicomatic erhitzen, die Fleischwürfel von allen Seiten gut darin anbraten, Zwiebelwürfel hinzufügen, kurz mitbraten lassen, kleingeschnittenes Gemüse und Kartoffeln,
250 ml (1/4 l) Wasser	hinzufügen, mit

Salz	
Pfeffer	
Kümmel	würzen, den Sicomatic schließen, den Kochregler erst dann auf Stufe 2 schieben, wenn reichlich Dampf entwichen ist (nach etwa 1 Minute), nach Erscheinen des zweiten Ringes etwa 15 Minuten garen lassen, den Topf von der Kochstelle nehmen, den Kochregler langsam stufenweise zurückziehen, den Topf öffnen, den Eintopf mit Salz, Pfeffer abschmecken
Garzeit:	Etwa 15 Minuten.

Italienisches Gemüse

(2 Portionen)

1 große grüne Paprikaschote	entstielen, halbieren, entkernen, die weißen Scheidewände entfernen, die Schote waschen, in große Würfel schneiden
2 kleine Tomaten	kurze Zeit in kochendes Wasser legen, in kaltem Wasser abschrecken, enthäuten, halbieren, entkernen, in Achtel schneiden
60 g gedünstete Pfifferlinge	je nach Größe halbieren
1 große Zwiebel	abziehen, in Würfel schneiden, in
1 Eßl. zerlassener Butter	goldgelb dünsten, die Paprikawürfel, die Pfifferlinge hinzufügen, kurz durchdünsten lassen
etwas Instant-Fleischbrühe	hinzufügen, etwa 10 Minuten dünsten lassen, die Tomatenachtel dazugeben, weitere 2 – 3 Minuten dünsten lassen
1 schwach gehäuften Eßl. Speisestärke	mit
2 – 3 Eßl. kaltem Wasser	anrühren, das Gemüse damit binden, mit
1 Eßl. Tomatenmark	
Pfeffer	
Knoblauchpulver	
Salz	abschmecken, mit
1 Eßl. Schlagsahne	verfeinern, mit
gehackter Petersilie	bestreut servieren.

Klare Fischsuppe

(Foto Seite 38)

1 kg Fischköpfe und -gräten (beim Händler vorbestellen)	unter fließendem kaltem Wasser abspülen
3 Zwiebeln	
1 Knoblauchzehe	abziehen, die Zwiebeln würfeln
2 Tomaten	waschen, abtrocknen, achteln, die Stengelansätze herausschneiden, mit den Fischabfällen, den Zwiebeln, dem Knoblauch,
½ Bund abgespülter Petersilie	
1 abgespülten Thymianzweig	
½ Zitrone (unbehandelt)	
3 Pfefferkörnern	
Salz	in einen großen Topf geben
1 ½ l Wasser	hinzugießen, zum Kochen bringen, etwa 1 Stunde kochen lassen, die Brühe durch ein Mulltuch gießen, wieder zum Kochen bringen, nach Belieben mit
1 verschlagenem Eiweiß	klären, mit Salz abschmecken
300 g Fischfilet (z. B. Kabeljau, Seelachs)	unter fließendem kaltem Wasser abspülen, trockentupfen, in große Würfel schneiden, in die Brühe geben, in 3 – 5 Minuten gar ziehen lassen
½ Zitrone (unbehandelt)	in dünne Scheiben schneiden
1 Bund Dill	abspülen, trockentupfen, die Spitzen von den Stengeln zupfen, fein hacken, mit den Zitronenscheiben in die Suppe geben, heiß servieren
Garzeit:	etwa 65 Minuten.
Tip:	Geröstetes Baguette mit Knoblauchbutter dazu reichen.

Kürbis-Suppe

650 g Kürbis	schälen, das Mark mit einem Löffel auskratzen, entkernen, den Kürbis in kleine Würfel schneiden
1 Zwiebel	abziehen, fein würfeln
2 Eßl. Butter oder Margarine	zerlassen, Kürbis- und Zwiebelwürfel darin andünsten
500 ml (½ l) Fleischbrühe	hinzugießen, zum Kochen bringen, zugedeckt etwa 10 Minuten kochen lassen, durch ein Sieb streichen, mit
Salz, Zucker frisch gemahlenem schwarzem Pfeffer Zucker Essig	abschmecken
1 Eßl. feingehackte Kräuter (z. B. Petersilie Schnittlauch)	unterrühren, nach Belieben
½ abgezogene, zerdrückte Knoblauchzehe	hinzufügen, die Suppe nochmals kurz erhitzen.
Beigabe:	Würstchen.

Obstsuppe von getrocknetem Obst

100 g Backobst (Äpfel, Aprikosen oder Pflaumen)	waschen, in
1 ¼ l Wasser	12 Stunden einweichen, mit dem Einweichwasser,
3 Tropfen Backöl Zitrone gemahlenem Zimt	zum Kochen bringen, in 30 Minuten gar kochen lassen, die Suppe durch ein Sieb streichen, zum Kochen bringen
20 g Speisestärke	mit
2 Eßl. kaltem Wasser	anrühren, die Suppe damit binden, mit
Vanillin-Zucker Zucker	abschmecken, nach Belieben mit
Suppenmakronen	anrichten.

Rote Bohnensuppe

250 g Rote Bohnen	12 Stunden in
1 l kaltem Wasser	einweichen, abtropfen lassen, mit
2 Eßl. gewürfeltem Suppengrün	
2 l Knochenbrühe	in den gewässerten Tontopf geben, mit dem Deckel verschließen, in den Backofen stellen, etwa 1 Stunde vor Beendigung der Garzeit
100 g Tomatenmark	dazugeben, die gare Bohnensuppe mit
Salz	
Pfeffer	
Paprika edelsüß	abschmecken
3 heiße Brühwürstchen	in Scheiben schneiden, in die Suppe geben, nach Belieben
kleingeschnittene Peperoni (aus dem Glas)	unterrühren
Gas:	4 – 5
Strom:	200 – 225 °C
Garzeit:	Etwa 2 ½ Stunden.

Sauerkirsch-Kaltschale

(Foto Seite 39)

Etwa 460 g Sauerkirschen (Glas)	mit dem Saft in einen Topf geben
1 Stück Stangenzimt	
4 Nelken	
1 Eßl. Zucker	hinzufügen, zum Kochen bringen, 5 Minuten kochen, Gewürze entfernen, die Kirschen durch ein Sieb streichen, zum Kochen bringen
1 Eßl. Speisestärke	mit
2 Eßl. Wasser	anrühren, die Kirschflüssigkeit damit binden, von der Kochstelle nehmen
500 ml (½ l) Rotwein	unterrühren, kalt stellen
125 – 250 ml (⅛ – ¼ l) Schlagsahne	fast steif schlagen, mit
1 Päckchen Vanillin-Zucker	süßen, zur Kaltschale geben.

Würzige Linsensuppe

100 g Linsen	einige Stunden in kaltem Wasser einweichen
2 Zwiebeln	abziehen, halbieren,in feine Würfel schneiden, in
15 g (1 Eßl.) Pflanzenöl	glasig dünsten lassen die abgetropften Linsen und
750 ml (3/4 l) Wasser	dazugeben
Instant-Gemüsebrühe	
2 Lorbeerblätter	
4 – 6 Liebstöckelblätter	
1 Teel. Koriander, gemahlen	
Pfeffer	hinzufügen
1 Knoblauchzehe	abziehen, durch die Knoblauchpresse drücken oder in feine Scheiben schneiden, mit
wenig Salz	bestreuen, mit der Messerklinge fein zerdrücken, in die Suppe geben, zum Kochen bringen die Linsen bei schwacher Hitze 40 – 45 Minuten garen lassen
100 g Möhren, vorbereitet	schälen, in etwa 1 cm lange Streifen schneiden
100g Porree (Lauch), vorbereitet	putzen, der Länge nach halbieren, gründlich waschen, in feine Streifen schneiden das Gemüse 5 Minuten vor Beendigung der Garzeit in die Suppe geben Lorbeer- und Liebstöckelblätter entfernen die Suppe mit
2 – 3 Eßl. Weinessig	und evtl.
wenig Salz	abschmecken
4 Eßl. gehackte glattblättrige Petersilie	unterrühren.

Fleisch

Bunter Gulaschtopf

300 g Rindfleisch (aus der Keule)	abspülen, trockentupfen, in Würfel schneiden
2 Eßl. Speiseöl	erhitzen, die Fleischwürfel darin anbraten, mit
Salz frisch gemahlenem Pfeffer Paprika edelsüß	würzen
125 ml (1/8 l) heißes Wasser 125 ml (1/8 l) Rotwein	hinzugießen, das Fleisch schmoren lassen, verdampfte Flüssigkeit durch
heißes Wasser	ersetzen, so daß das Fleisch immer knapp mit Flüssigkeit bedeckt ist
4 kleine rote und grüne Paprikaschoten (600 g)	halbieren, entstielen, entkernen, die weißen Scheidewände entfernen, die Schoten waschen
2 große Zweibeln (200 g)	abziehen, beide Zutaten in Streifen schneiden, wenn das Fleisch etwa 45 Minuten geschmort hat, das Gemüse hinzufügen, etwa 30 Minuten mitschmoren lassen
100 g gedünstete Champignons 100 g gedünstete Schwarzwurzelstücke	zu dem Gulasch geben, miterhitzen, die Schmorflüssigkeit einkochen lassen, bis eine sämige Sauce entstanden ist, den Gulaschtopf mit Salz, Pfeffer, Paprika abschmecken, mit
frisch gehackter Petersilie	bestreuen.

Bologneser Sauce

1 mittelgroße Zwiebel	
1 Knoblauchzehe	abziehen
1 mittelgroße Möhre	
1 Stück Knollensellerie (100 g)	schälen, waschen, die vier Zutaten fein würfeln
2 Eßl. Speiseöl	erhitzen, die Gemüsewürfel darin andünsten
250 g Rindergehacktes	hinzufügen, so lange anbraten, bis es krümelig ist
1 Dose Tomaten (Abtropfgewicht 800 g)	
2 Eßl. Tomatenmark	dazugeben, mit
gerebeltem Oregano	
gerebeltem Basilikum	würzen, die Sauce schwach kochen lassen, mit
2 – 3 Eßl. Rotwein	
grünem Pfeffer	
Salz	würzen
Kochzeit	etwa 20 Minuten.

Bouillonkartoffeln

(Foto Seite 57)

500 g Rinderbrust	unter fließendem kaltem Wasser abspülen, in
2 l Salzwasser	geben, zum Kochen bringen, in etwa 2 Stunden gar kochen lassen, das gare Fleisch aus der Brühe nehmen, in Alufolie einschlagen, im Backofen warm stellen
800 g Kartoffeln	
100 g Sellerie	schälen
5 Möhren	putzen, schrappen, das Gemüse waschen, in kleine gleichmäßige Würfel schneiden (Kartoffeln können auch in größere Würfel geschnitten werden)
1 Stange Porree	putzen, das dunkle Grün bis auf etwa 10 cm entfernen, den Porree in Ringe schneiden, gründlich waschen, mit dem übrigen Gemüse in einen Topf geben, mit der Rindfleischbrühe auffüllen, zum Kochen bringen, etwa 30 Minuten kochen lassen, mit

Salz,	
Pfeffer	
Streuwürze	abschmecken, mit
gehackter Petersilie	bestreuen, das Fleisch aus dem Backofen nehmen, in Scheiben schneiden, auf einer Platte anrichten
Kochzeit:	Etwa 2 ½ Stunden.

Filetsteaks mit Pfeffer

4 Rindersteaks	
(je 150 g)	etwas zusammendrücken
50 g Pflanzenfett	erhitzen, die Filetscheiben hineinlegen, nachdem die untere Seite gebräunt ist, das Fleisch wenden, mit
Salz	bestreuen
2 Teel. bunte	
Pfefferkörner	etwas zerdrücken, über die Steaks verteilen, etwas festdrücken, die Filetscheiben öfter mit Bratfett begießen, damit sie saftig bleiben, das Fleisch auf einer vorgewärmten Platte anrichten, das Bratfett über die Steaks geben
Bratzeit:	von jeder Seite 2 – 4 Minuten.

Gekochte Kalbsbrust

600 g Kalbsbrust	
(ohne Knochen)	unter fließendem kaltem Wasser abspülen
2 mittelgroße	
Zwiebeln	abziehen, mit
2 Gewürznelken	spicken, mit
2 Lorbeerblättern	in
1 l Salzwasser	geben, zum Kochen bringen
1 Bund Suppengrün	putzen, waschen, mit dem Fleisch hinzufügen, das Fleisch gar kochen lassen, aus der Brühe nehmen, in Scheiben schneiden, auf einer vorgewärmten Platte anrichten, mit dem geschnittenen Suppengrün garnieren
Kochzeit:	Etwa 1 ½ Stunden
Beilage:	Kräuter- oder Bèchamel-Soße, Salzkartoffeln oder Kochreis.

Gekochte Rinderbrust

500 g Fleischknochen	unter fließendem kaltem Wasser abspülen, in
1 ½ l kaltes Salzwasser	geben, zum Kochen bringen, etwa 1 Stunde kochen lassen
500 g Rinderbrust (ohne Knochen)	unter fließendem kaltem Wasser abspülen
1 mittelgroße Zwiebel	abziehen
1 Bund Suppengrün	putzen, waschen
2 Lorbeerblätter	die Zutaten mit dem Fleisch in die Brühe geben, gar ziehen lassen, aus der Brühe nehmen das Fleisch in Scheiben schneiden, auf einer vorgewärmten Platte anrichten, mit etwas heißer Brühe übergießen, mit dem geschnittenen Suppengrün garnieren
Kochzeit:	Etwa 2 ½ Stunden.
Beilage:	Gedünstetes Gemüse, Meerrettichsoße, Grüne Soße, Salzkartoffeln.

Gulasch

500 g schieres Rindfleisch (ohne Knochen)	unter fließendem kaltem Wasser abspülen, trockentupfen, in Würfel schneiden
30 g Pflanzenfett	erhitzen, das Fleisch von allen Seiten gut darin anbraten
375 g Zwiebeln	abziehen, halbieren, in Scheiben schneiden, mitbräunen lassen, das Fleisch mit
Salz gemahlenem Pfeffer Paprika edelsüß Gulasch-Gewürz	würzen
2 schwach gehäufte Eßl. Tomatenmark	hinzufügen
500 ml (½ l) heißes Wasser	hinzugießen, das Fleisch gar schmoren lassen

120 g gedünstete Champignons	hinzufügen, miterhitzen, das Gulasch mit Salz, Pfeffer, Paprika edelsüß,
1 – 2 Spritzern Tabasco	abschmecken
Schmorzeit:	1 – 1 ½ Stunden.
Beilage:	Kartoffelbrei, Kochreis oder Makkaroni, Tomaten-, Gurken- oder Blatt-Salate.

Kalbsbraten

(6 Portionen)

1 kg Kalbfleisch (aus der Keule, ohne Knochen)	evtl. enthäuten, unter fließendem kaltem Wasser abspülen, trockentupfen, mit
Salz Pfeffer	einreiben
30 g Pflanzenfett	in einem Brattopf erhitzen, das Fleisch von allen Seiten gut darin anbraten
2 mittelgroße Zwiebeln	abziehen
2 mittelgroße Möhren	putzen, schrappen, beide Zutaten kleinschneiden, zu dem Fleisch geben, den Topf auf dem Rost in den vorgeheizten Backofen schieben, etwas
heißes Wasser	hinzugießen, das Fleisch ab und zu mit dem Bratensatz begießen, verdampfte Flüssigkeit nach und nach durch heißes Wasser ersetzen, das gare Fleisch vor dem Schneiden 10 Minuten „ruhen“ lassen, damit sich der Fleischsaft setzt, das Fleisch in Scheiben schneiden, auf einer vorgewärmten Platte anrichten, den Bratensatz mit etwas Wasser loskochen, durch ein Sieb gießen, mit Wasser auf 500 ml (½ l) auffüllen, auf der Kochstelle zum Kochen bringen
25 g Weizenmehl	mit
1 Becher (150 g) Crème fraîche (30 % Fett)	verrühren, die Flüssigkeit damit binden, die Soße mit Salz, Pfeffer abschmecken

Strom:	200 – 225 °C
Gas:	3 – 4
Bratzeit:	Etwa 2 ½ Stunden.
Beilage:	Gedünstetes Erbsen-Möhren-Gemüse, Petersilienkartoffeln.

Kalbskoteletts mit Oregano

4 Kalbskoteletts
(je etwa 200 g) mit dem feingehackten
Oregano kräftig einreiben, mit
Salz
Pfeffer würzen und auf dem gefetteten Grill garen
dazu eine Sauce aus
1 Eßl. Zitronensaft
6 Eßl. Olivenöl reichen, die mit
2 Eßl. gehackter
Petersilie
Senf, Salz und Pfeffer abgeschmeckt wird.

Kalbsschnitzel Pizzaiola mit Rosmarinkartoffeln

4 Fleischtomaten kurze Zeit in kochendes Wasser legen (nicht kochen lassen), in kaltem Wasser abschrecken, enthäuten, die Stengelansätze herausschneiden, die Tomaten vierteln, entkernen, das Fruchtfleisch in Würfel schneiden
8 kleine Kalbsschnitzel
à 70 g abspülen, trockentupfen, in
3 Eßl. Olivenöl anbraten, herausnehmen, abgedeckt warm stellen, in dem Öl Tomatenwürfel,
4 Eßl. gehackte,
schwarze Oliven
2 Eßl. abgetropfte,
kleine Kapern andünsten, mit
Salz

frisch gemahlenem Pfeffer	
evtl. Knoblauchpulver	würzen, etwas einkochen lassen
400 g gekochte Kartoffelwürfel	in
4 Eßl. Butter	bräunen, mit Salz, Pfeffer,
1 Eßl. Rosmarinnadeln	würzen, zu den Schnitzeln und dem Tomatengemisch reichen.

Kalbssteaks mit Bananen

(Foto Seite 58)

2 Bananen (je 175 g)	schälen, der Länge nach halbieren
20 g Butter	zerlassen, mit
½ gestrichenen Teel. Currypulver	
½ gestrichenen Teel. Paprika edelsüß	verrühren, einen Grilltoast mit Alufolie belegen, die Bananenhälften mit der Hälfte der zerlassenen Butter bestreichen, unter den vorgeheizten Grill schieben, von jeder Seite grillen, nach dem Umdrehen die Bananen mit der restlichen Butter bestreichen, die gegrillten Bananen warm stellen
4 Kalbssteaks (je etwa 125 g, gut 2 cm dick)	unter fließendem kaltem Wasser abspülen, trockentupfen, leicht flachdrücken, die Steaks auf den heißen Grillrost legen, unter den vorgeheizten Grill schieben
1 Eßl. Speiseöl	mit
1 Messerspitze Paprika edelsüß	verrühren, die Steaks jeweils nach 1 Minute damit bestreichen, die garen Steaks mit
Salz	bestreuen, mit den Bananenhälften auf einer vorgewärmten Platte anrichten
Grillzeit für die Bananen:	Von jeder Seite etwa 2 Minuten
Grillzeit für die Steaks:	Von jeder Seite etwa 4 Minuten.

Leber

500 g Leber	
(in Scheiben)	unter fließendem kaltem Wasser abspülen, etwa 30 Minuten in
kalte Milch	legen
5 mittelgroße	
Zwiebeln	abziehen, in Scheiben schneiden, die Leber trockentupfen, in
20 g Weizenmehl	wenden
40 g Pflanzenfett	erhitzen, die Leber hineinlegen, braten lassen nachdem die untere Schiene gebräunt ist, die Leber wenden, mit
Salz	
frisch gemahlenem	
Pfeffer	
gerebeltem Majoran	bestreuen, gar braten, die Leber auf einer vorgewärmten Platte anrichten, die Zwiebelscheiben in das Bratfett geben, mit Salz, Pfeffer würzen, unter Wenden bräunen lassen, mit auf der Platte anrichten
Bratzeit für die Leber	6 – 8 Minuten
für die Zwiebeln	8 – 10 Minuten.
Beilage:	Gebratene Apfelringe, Kartoffelbrei

Leberpfanne

2 Zwiebeln	abziehen, in Scheiben schneiden
150 g frische	
Champignons	putzen, waschen, halbieren
1 Paprikaschote	
(200 g)	halbieren, entstielen, entkernen, die weißen Scheidewände entfernen, die Schote waschen, in Scheiben schneiden
1 Eßl. Speiseöl	erhitzen, das Gemüse darin etwa 10 Minuten dünsten, mit
Salz	
frisch	
gemahlenem	
Pfeffer	
Basilikum	abschmecken

2 Tomaten	kurze Zeit in kochendes Wasser legen, in kaltem Wasser abschrecken, enthäuten, achteln, im Topf miterhitzen
200 g Kalbsleber	abspülen, trockentupfen, in Streifen schneiden, in etwas
Weizenmehl	wenden
1 Eßl. Speiseöl	erhitzen, das Fleisch etwa 2 – 3 Minuten darin anbraten, mit Salz,
frisch gemahlenem weißem Pfeffer	abschmecken, das Fleisch unter das Gemüse mengen, zum Schluß
1 Eßl. frisch gehackte Petersilie	über die Leberpfanne streuen.
Beilage:	Reis.

Rinderfilet

800 g Rinderfilet (gut abgehangen)	unter fließendem kaltem Wasser abspülen, trockentupfen, enthäuten, mit
frisch gemahlenem Pfeffer	einreiben
2 Eßl. Speiseöl	erhitzen, das Fleisch von allen Seiten gut darin anbraten, mit
Salz	bestreuen, in eine gefettete Auflaufform legen, in den Backofen schieben, braten lassen, ab und zu wenden das gare Fleisch vor dem Schneiden etwa 10 Minuten „ruhen“ lassen, damit sich der Fleischsaft setzt, das Fleisch in Scheiben schneiden, auf einer vorgewärmten Platte anrichten
Ober-/Unterhitze:	220 – 250 °C (vorgeheizt)
Heißluft:	210 – 230 °C (vorgeheizt)
Gas:	Stufe 6 – 7 (vorgeheizt)
Bratzeit:	25 – 30 Minuten.
Beilage:	Broccoli, Herzoginkartoffeln.
Tip:	Eine besondere Garmethode: Das gut angebratene Fleisch im Backofen (Ober-/Unterhitze: 80 °C, vorgeheizt; Heißluft: 70 °C, vorgeheizt) in etwa 2 ½ Stunden garen. Die Temperaturangabe muß bei dieser Garmethode genau eingehalten werden, dazu evtl. ein Fleischthermometer benutzen.

Rindfleischsülze

2 Päckchen Gelatine gemahlen, weiß	mit
6 Eßl. kaltem Wasser	anrühren, 10 Minuten zum Quellen stehenlassen
125 ml (1/8 l) Weißwein	mit
750 ml (3/4 l) Wasser	auffüllen, erhitzen, mit
Salz Pfeffer Streuwürze Zucker Weinessig 1 Spritzer Tabascoßoße	kräftig würzen, die Gelatine hineingeben, so lange rühren, bis sie gelöst ist, kalt stellen, eine Rehrücken- oder Kastenform mit
kaltem Wasser	ausspülen, so viel von der erkalteten Masse hineingießen, daß der Boden bedeckt ist, im Kühlschrank erstarren lassen
300 g tiefgekühlte Erbsen	in
kochendes Salzwasser	geben, zum Kochen bringen, gar kochen, erkalten lassen
2 hartgekochte Eier	pellen, in Scheiben schneiden, von
1 Bund Radieschen	Wurzeln und Blätter abschneiden, die Radieschen waschen, in Scheiben schneiden
2 Eßl. Tomaten-paprika (in Streifen, aus dem Glas)	abtropfen lassen
400 g gebratenes Roastbeef	in dünne Scheiben schneiden, die erstarrte Aspikschicht zunächst mit Eierscheiben, dann mit Radieschen, Erbsen, Tomatenpaprika garnieren, etwa 1/3 der Roastbeefscheiben schuppenförmig darauf legen, mit Aspikmasse bedecken, erstarren lassen, darauf wieder Eierscheiben, Radieschen, Erbsen, Tomatenpaprika und Roastbeefscheiben anrichten, mit Aspikmasse bedecken, erstarren lassen, alle Zutaten auf diese Weise verbrauchen, die oberste Schicht mit der restlichen Aspikmasse bedecken,

	die Rindfleischsülze zum völligen Erstarren in den Kühlschrank stellen, vor dem Servieren die Form kurz in heißes Wasser halten, die Sülze auf eine Platte stürzen, in Scheiben schneiden, nach Belieben mit
Tomatenachteln Petersilie oder Feldsalat	garnieren
Kochzeit für die Erbsen:	Etwa 8 Minuten.
Beilage:	Remouladensoße, Bratkartoffeln oder Stangenweißbrot.

Sauerbraten

(Foto Seite 59)

750 g Rindfleisch (aus der Keule, ohne Knochen)	unter fließendem kaltem Wasser abspülen, trockentupfen, in eine Schüssel legen.
Für die Marinade	
2 mittelgroße Zwiebeln	abziehen, in Scheiben schneiden
2 Bund Suppengrün	putzen, waschen, kleinschneiden, mit
5 Wacholderbeeren 15 Pfefferkörnern 5 Pimentkörnern (Nelkenpfeffer) 1 Lorbeerblatt 250 ml (1/4 l) Weinessig 375 ml (3/8 l) Wasser	verrühren, das Fleisch in die Marinade geben, mit einem Deckel abdecken, etwa 4 Tage an einem kühlen Ort stehenlassen, das Fleisch ab und zu wenden, das genügend gesäuerte Fleisch abtrocknen, die Marinade beiseite stellen
30 g Pflanzenfett	erhitzen, das Fleisch von allen Seiten gut darin anbraten, mit

(Fortsetzung auf Seite 61)

Bouillonkartoffeln, Rezept Seite 47

Kalbssteaks mit Bananen, Rezept Seite 52

Sauerbraten, Rezept Seite 56

Schweinefilet, Rezept Seite 64

Salz	
frisch gemahlenem	
Pfeffer	bestreuen, das abgetropfte Suppengrün hinzufügen, etwas mitbraten lassen, von
375 ml (3/8 l)	
Marinade	etwas zu dem Fleisch gießen, das Fleisch schmoren lassen, von Zeit zu Zeit wenden, verdampfte Flüssigkeit nach und nach ersetzen
50 g Honigkuchen	zerbröckeln, nach 1 ½ Stunden Schmorzeit hinzufügen , mitschmoren lassen, das gare Fleisch vor dem Schneiden 10 Minuten „ruhen" lassen, damit sich der Fleischsaft setzt, das Fleisch in Scheiben schneiden, auf einer vorgewärmten Platte anrichten, den Bratensatz passieren, die Sauce mit Salz, Pfeffer,
Zucker	abschmecken
Schmorzeit:	etwa 2 ½ Stunden.
Beilage:	Backobst, Makkaroni oder Salzkartoffeln, Rotkohl.
Abwandlung:	50 g verlesene Rosinen zusammen mit dem Honigkuchen hinzufügen.

Sauerbraten

750 g Rindfleisch	
(aus der Keule,	
ohne Knochen)	unter fließendem kaltem Wasser abspülen, trockentupfen, in eine Schüssel legen
	Für die Marinade
2 mittelgroßeZwiebeln	abziehen, in Scheiben schneiden
2 Bund Suppengrün	putzen, waschen, kleinschneiden, mit
5 Wacholderbeeren	
15 Pfefferkörnern	
5 Pimentkörnern	
(Nelkenpfeffer)	
1 Lorbeerblatt	
250 ml (¼ l) Weinessig	
375 ml (⅜ l) Wasser	verrühren, über das Fleisch gießen (Fleisch muß bedeckt sein), mit einem Deckel abdecken, etwa 4 Tage an einem kühlen Ort stehenlassen, das Fleisch ab und zu wenden, das genügend gesäuerte Fleisch abtrocknen

30 g Pflanzenfett, z. B. Biskin	erhitzen, das Fleisch von allen Seiten gut darin anbraten, mit
Salz gemahlenem Pfeffer	bestreuen, das abgetropfte Suppengrün,
50 g verlesene Rosinen	hinzufügen, mitbraten lassen
375 ml (⅜ l) Marinade	abmessen
125 ml (⅛ l) Wasser	hinzufügen, etwas davon zu dem Fleisch gießen, das Fleisch schmoren lassen, von Zeit zu Zeit wenden, verdampfte Flüssigkeit nach und nach ersetzen
2 Tomaten	waschen, die Stengelansätze herausschneiden, die Tomaten kleinschneiden
100 g Pumpernickel	zerbröckeln, beide Zutaten nach 1 Stunde Schmorzeit hinzufügen, mitschmoren lassen, das gare Fleisch vor dem Schneiden 10 Minuten „ruhen" lassen, damit sich der Fleischsaft setzt, das Fleisch in Scheiben schneiden, auf einer vorgewärmten Platte anrichten, den Bratensatz durch ein Sieb streichen, mit Wasser auf 375 ml (⅜ l) auffüllen, zum Kochen bringen, mit
dunklem Soßen-Helfer	binden, die Soße mit Salz, Pfeffer abschmecken
Schmorzeit:	Etwa 2 ½ Stunden.
Beilage:	Backobst, Makkaroni oder Salzkartoffeln, Rotkohl.

Schweinecurry mit Porree

500 g Schweinefilet	unter fließendem kaltem Wasser abspülen, trockentupfen, in Streifen schneiden
2 – 3 Zwiebeln (etwa 125 g)	abziehen, halbieren, in Scheiben schneiden
1 gelbe Paprikaschote 200 g	halbieren, entstielen, entkernen, die weißen Scheidewände entfernen, die Schote waschen, in Streifen schneiden
1 kg Porree (etwa 10 Stangen)	putzen, das dunkle Grün bis auf etwa 10 cm entfernen, den Porree in Scheiben schneiden, gründlich waschen
4 Eßl. Speiseöl	in einer großen Pfanne erhitzen, Filetstreifen und Zwiebelscheiben darin unter Wenden anbraten

1 gehäuften Eßl.	
Currypulver	unterrühren, kurz durchbraten lassen (Currypulver darf nicht zu dunkel werden), mit
Salz	würzen
etwa 7 Eßl.	
Apfelsinensaft	hinzufügen
2 Knoblauchzehen	abziehen
2 Scheiben frische	
Ingwerwurzel	schälen, beide Zutaten würfeln, zu dem Fleisch geben, etwa 5 Minuten mitschmoren lassen, Paprikastreifen und Porreescheiben hinzufügen, das Schweinecurry in etwa 5 Minuten gar schmoren lassen, mit Salz abschmecken
Beilage:	Reis

Schweinefilet auf marinierten Steckrüben

1 kg Steckrüben	schälen, waschen, vierteln, in dünne Scheiben schneiden, dann in Stifte schneiden
4 Eßl. flüssigen Honig	
6 Eßl. milde Sojasauce	
2 Teel. Essig-Essenz	
(25 %)	in einem Topf zerlassen die Steckrüben unter öfterem Wenden 30 Minuten ziehen lassen
50 g Butterschmalz	in einer Pfanne erhitzen
500 g Schweinefilet	unter fließendem kaltem Wasser abspülen, trockentupfen, in heißem Fett rundherum anbraten und herausnehmen Gemüse in die Pfanne geben, 3 – 4 Eßlöffel Wasser dazugeben, mit
2 Msp. Fleischextrakt	
Salz	
frisch gemahlenem	
Pfeffer	würzen und 15 Minuten schmoren lassen das Filet salzen und pfeffern, zwischen das Gemüse legen, mit dem Gemüsesud beträufeln und 10 Minuten mitgaren Fleisch herausnehmen, in Alufolie wickeln und 10 Minuten ruhen lassen, Gemüse inzwischen weitergaren

zum Schluß mit frisch gemahlenem Salz und Pfeffer abschmecken
Fleisch in Scheiben schneiden und auf dem Steckrübengemüse anrichten.

Tip: Dazu Pellkartoffeln servieren.

Schweinefilet mit Zwiebel-Champignon-Gemüse

(Foto Seite 60)

500 g kleine Zwiebeln abziehen
2 Eßl. Butter erhitzen, die Zwiebelwürfel glasig dünsten lassen
500 ml (½ l) Tomatensaft hinzugießen, die Zwiebeln etwa 20 Minuten schmoren lassen
500 g kleine Champignons putzen, waschen, zu den Zwiebeln geben, mit
Salz
Pfeffer
1 Teel. Zucker
Chilipulver kräftig würzen, zugedeckt weiter dünsten lassen
600 g Schweinefilet evtl. Fett und Sehnen entfernen, das Fleisch enthäuten, unter fließendem kaltem Wasser abspülen, trockentupfen, mit Salz, Pfeffer einreiben
2 Eßl. Speiseöl erhitzen, das Schweinfilet von allen Seiten braun anbraten, das Zwiebel-Champignon-Gemüse hinzufügen, das Fleisch schmoren lassen, herausnehmen, in Scheiben schneiden, mit dem Gemüse anrichten
1 Bund glatte Petersilie abspülen, trockentupfen, fein hacken, über das Fleisch und Gemüse streuen

Dünstzeit für das Gemüse: 40 – 45 Minuten
Schmorzeit für das Schweinefilet: 10 – 15 Minuten.
Beilage: Stangenweißbrot.

Schweinekoteletts, gegrillt

Chirines brisoles skhara

4 große oder 8 kleine	
Schweinekoteletts	waschen, gut abtrocknen
1 Knoblauchzehe	abziehen, halbieren, das Fleisch damit einreiben, mit
Salz	
Pfeffer	bestreuen
	die Koteletts auf dem Holzkohlengrill oder unter dem Elektrogrill von beiden Seiten knusprig braun grillen
	vor dem Servieren mit dem
Saft von 1 Zitrone	beträufeln.

Tomaten-Steak

(1 Portion)

150 g Rinderfilet	mit
1 Teel. Sojaöl	und
schwarzem Pfeffer	einreiben und in einer beschichteten Pfanne von jeder Seite 2 – 3 Minuten braten
	herausnehmen und mit
Salz	würzen
2 Tomaten (a 50 g)	kurze Zeit in kochendes Wasser legen (nicht kochen lassen), in kaltem Wasser abschrecken, enthäuten und vierteln
2 Maiskolben	
aus der Dose	Maiskörner von den Kolben mit einem scharfen Messer abschaben
	Tomaten und Mais im Bratensatz ca. 5 Minuten dünsten
1 Teel.	
gerebelten Oregano	unterrühren, zum Schluß
1 Eßl. Magerquark	mit
etwas Mineralwasser	verrühren und unter das Gemüse mengen
	Gemüse mit dem Steak servieren, dazu Salat servieren.

Fisch

Fisch im Fenchelbett

(Foto Seite 77)

2 Fenchelknollen	putzen, evtl. die äußere welke Blattschicht entfernen, die Knollen waschen, das zarte Blattgrün abschneiden und beiseite stellen, die Knollen halbieren, mit der Schnittfläche nach unten auf die Arbeitsfläche legen und quer in dünne Scheiben schneiden
4 Steinbutt-Koteletts (je etwa 200 g)	unter fließendem kaltem Wasser abspülen, trockentupfen, mit
Salz	bestreuen, mit
Zitronensaft	beträufeln, etwa 10 Minuten ziehen lassen
20 g Butter	mit
2 Eßl. Olivenöl	in einem Schmortopf erhitzen, die Fenchelscheiben hineingeben und bei schwacher Hitze etwa 3 Minuten andünsten
1 Fleischtomate	kurze Zeit in kochendes Wasser legen (nicht kochen lassen), in kaltem Wasser abschrecken, enthäuten, halbieren, den Stengelansatz herausschneiden, die Tomaten entkernen, in kleine Würfel schneiden und zum Fenchel geben, die Fischkoteletts nebeneinander daraufsetzen, mit
frisch gemahlenem weißem Pfeffer	bestreuen, mit
2 cl Anis-Aperitif	beträufeln
1 Orange	auspressen, den Saft zu dem Fisch geben und alles zugedeckt bei schwacher Hitze in etwa 20 Minuten gar dünsten, zum Servieren Gemüse und Fisch auf einer vorgewärmten Platte anrichten, den Sud im offenen Topf um die Hälfte einkochen
150 g Crème fraîche	unterrühren, mit
Salz	
Cayennepfeffer	abschmecken, die Sauce über Fisch und Gemüse verteilen
1 Granatapfel	halbieren, die Kernchen mit einem kleinen Löffel herauslösen und über dem Fisch verteilen, das zurückgelassene Fenchelgrün feinhacken und darüber streuen.
Tip:	Butterreis und Grünen Salat mit Orangenfilets dazu servieren.

Fisch-Kartoffel-Gericht

4 lange Kartoffeln (je 150 g)	waschen, in den unteren Teil des Kartoffeldämpfers Wasser einfüllen, den Siebeinsatz daraufstellen, die Kartoffeln hineingeben zugedeckt bei nicht zu starker Hitze etwa 35 Minuten garen die Kartoffeln pellen, der Länge nach halbieren eine flache feuerfeste Form mit
5 g (1 gestr. Teel.) Pflanzenmargarine	ausfetten die Kartoffelhälften nebeneinander hineinsetzen, mit
Muskat	bestreuen
300 g Rotbarschfilet	unter fließendem kaltem Wasser abspülen, trockentupfen den Fisch in 8 gleichgroße Stücke (den Kartoffeln entsprechend) schneiden, mit etwas
Weinessig	beträufeln, etwa 15 Minuten stehenlassen, wieder trockentupfen, mit
Pfeffer	
wenig Salz	würzen
100 g Frühlingszwiebeln, vorbereitet	putzen, waschen, in feine Ringe schneiden, um die Kartoffeln verteilen die Fischstücke auf die Kartoffeln legen
1 Becher (200 g) saure Sahne (10 % F.)	
20 g (2 Eßl.) Parmesankäse	verrühren, mit
Paprika, edelsüß,	Pfeffer und wenig Salz abschmecken
4 Eßl. feingeschnittenen Schnittlauch	unterrühren die Sauce über dem Fisch verteilen auf dem Rost im vorgeheizten Backofen (Strom: etwa 200 °C/Gas: etwa 3) knapp 20 Minuten backen.

Fisch „Stroganoff“

(für 2 Personen)

400 g Fischfilet (z. B. Kabeljau oder Schellfisch)	unter fließendem, kaltem Wasser abspülen, trockentupfen, mit
Zitronensaft	beträufeln und etwa 15 Minuten stehenlassen
1 große Zwiebel	abziehen, fein würfeln und mit
1 Teel. Kapern	in
250 ml (¼ l) heiße Fleischbrühe	geben, zum Kochen bringen und etwa 5 Minuten kochen lassen
1 Eßl. Speisestärke	mit
2 Eßl. kaltem Wasser	anrühren, die Brühe damit binden und mit
1 Eßl. Tomatenmark 1 Teel. Senf Salz frisch gemahlenem Pfeffer Paprika, edelsüß	und Zitronensaft würzen
2 Gewürzgurken	in feine Streifen schneiden, in die Soße rühren und die Soße einmal aufkochen lassen Fisch „Stroganoff“ in eine vorgewärmte Schüssel geben und mit
gehackter Petersilie	bestreuen. Garzeit 25 – 30 Minuten.
Tip:	Mit Pellkartoffeln und Eisbergsalat dazu servieren.

Fisch-Curry

(Foto Seite 78)

400 g Rotbarschfilet	waschen, abtrocknen, in Stücke schneiden, mit dem
Saft von 1 Zitrone	beträufeln, mit
Salz 1 – 2 Teel. Currypulver 1 Messerspitze Paprika edelsüß	bestreuen, stehenlassen
1 Zwiebel	abziehen, fein würfeln, mit
30 g Butter oder	

Margarine	in einer Auflaufform etwa 3 Minuten bei 100 andünsten, den Fisch hinzufügen, zugedeckt in etwa 8 Minuten bei 100 garen lassen
250 g Karotten und Erbsen (aus der Dose)	abtropfen lassen
2 kleine Bananen	schälen, in Scheiben schneiden, mit dem Gemüse zu dem Fisch geben, nochmals bei 100 etwa 5 Minuten dünsten lassen, mit
gehackter Petersilie	bestreuen. Als Beilage Reis reichen.
Garzeit insgesamt:	Etwa 15 Minuten.

Fischauflauf mit Gemüse

2 Stangen Porree (Lauch, 500 g), vorbereitet	putzen, waschen, in Scheiben schneiden
4 Möhren (300 g), vorbereitet	schälen, waschen und in kleine Würfel schneiden
5 g (1 Teel.) Pflanzenöl	erhitzen, das Gemüse kurz andünsten
250 ml Weißwein, trocken	hinzugießen, das Gemüse gar dünsten lassen, mit
Meersalz Pfeffer	würzen
feingehackte Petersilie 2 Eßl. Crème fraîche (30 % F.)	unterrühren das Gemüse in eine gefettete Auflaufform füllen
800 g Fischfilet (z. B. Seelachs)	unter fließendem kaltem Wasser abspülen, trockentupfen, mit
Zitronensaft	beträufeln, nochmals trockentupfen, mit Salz und Pfeffer würzen, in Portionsstücke schneiden die Filets auf das Gemüse legen
1 – 2 Tomaten	waschen, abtrocknen, in Scheiben schneiden, die Stengelansätze herausschneiden, die Tomatenscheiben auf den Fisch legen die Form auf dem Rost in den vorgeheizten Backofen schieben (Strom: etwa 200 °C/Gas: etwa 3), den Fisch in etwa 15 Minuten garen lassen.

Fischauflauf mit Zucchini

1 – 1 ¼ kg Seelachs- oder Rotbarschfilet	unter fließendem kaltem Wasser abspülen, trockentupfen, mit
Salz	
Pfeffer	einreiben
2 Eßl. Olivenöl	in einer Pfanne erhitzen
2 abgezogene Zwiebeln	in Scheiben schneiden
1 – 2 abgezogene Knoblauchzehen	hacken
2 Eßl. gehackte Petersilie	
1 Eßl. gehackte Minze	die vier Zutaten darin anbraten
4 mittelgroße enthäutete Tomaten	kleinschneiden, hinzufügen, mit Salz, Pfeffer,
½ Teel. Zucker	
2 Msp. Zimt	würzen und nach etwa einer Minute
125 ml (⅛ l) Fleischbrühe	dazugießen zugedeckt etwa 15 Minuten bei schwacher Hitze kochen lassen, in eine feuerfeste Auflaufform füllen
4 mittelgroße Zucchini	von den Stengelansätzen befreien, waschen, abtrocknen und in Scheiben schneiden die Zucchinischeiben auf die Tomatenmasse schichten, den Fisch drauflegen den Auflauf im vorgeheizten Backofen bei 175 °C etwa 20 Minuten garen, mit dem
Saft von ½ Zitrone	beträufeln und sofort servieren.

Fischeintopf

4 Tomaten (etwa 300 g)	kurze Zeit in kochendes Wasser legen (nicht kochen lassen), in kaltem Wasser abschrecken, enthäuten, entkernen, die Stengelansätze herausschneiden, die Tomaten in Stücke schneiden
1 Gemüsezwiebel (500 g)	

1 Knoblauchzehe	beide Zutaten abziehen, würfeln
1 Fenchelknolle (350 g)	putzen, waschen (das Grün beiseite legen), in Stücke schneiden
350 g Kartoffeln	waschen, schälen, abspülen, in Würfel schneiden
4 Eßl. Speiseöl	in einem breiten Topf erhitzen, Zwiebel-, Knoblauch-, Fenchel- und Kartoffelwürfel etwa 5 Minuten darin andünsten
1 Lorbeerblatt	
etwas Kerbel	
Salz	
frisch gemahlenen Pfeffer	
1 Messerspitze Safran	
500 ml (½ l) Fischfond	hinzufügen, zugedeckt etwa 15 Minuten garen
250 g Kabeljaufilet	
250 g Rotbarschfilet	
400 g küchenfertiger Seeaal	die Fische evtl. unter fließendem kaltem Wasser abspülen, trockentupfen, in große Würfel schneiden, mit Salz und Pfeffer bestreuen, mit
Zitronensaft	beträufeln, mit den Tomatenwürfeln auf das Gemüse legen, 8 – 10 Minuten weitergaren, vorsichtig umrühren, nochmals mit den Gewürzen abschmecken, mit
2 Eßl. gehackten Kräutern (Petersilie, Dill)	bestreuen.
Garzeit:	etwa 25 Minuten.
Tip:	Die Reste vom Fischeintopf schmecken auch sehr gut kalt.

Fischfilet aus dem Backofen

4 Kabeljaufilets (je 150 g)	unter fließendem kaltem Wasser abspülen, trockentupfen, mit
Zitronensaft	beträufeln, etwa 15 Minuten stehenlassen, wieder trockentupfen, mit
Pfeffer	
wenig Salz	würzen

	eine feuerfeste, flache Form mit
5 g (1 gestr. Teel.) Pflanzenmargarine	ausfetten
300 g Fleischtomaten, vorbereitet	an der Oberseite einritzen, kurze Zeit in kochendes Wasser legen (nicht kochen lassen), in kaltem Wasser abschrecken, die Tomaten enthäuten, die Stengelansätze herausschneiden, die Tomaten in Scheiben schneiden
2 Frühlingszwiebeln	putzen, waschen, in feine Ringe schneiden
100 g Staudensellerie, vorbereitet	putzen, waschen, in feine Scheiben schneiden, mit den Zwiebelringen mischen, in die Form füllen die Tomatenscheiben darüber schichten, das Fischfilet auf das Gemüse legen
1 Becher (200 g) saure Sahne (10 % F.)	glattrühren
4 Eßl. gehacktes Basilikum	unterrühren, mit Pfeffer und wenig Salz abschmecken die Sauce über den Fisch ziehen auf dem Rost im vorgeheizten Backofen (Strom: etwa 200 °C/Gas: etwa 3) 20 – 25 Minuten garen.

Fischgulasch Szegediner Art

(2 Portionen)

1 Zwiebel	abziehen, halbieren
120 g kleiner Apfel, vorbereitet	schälen, vierteln,entkernen beide Zutaten in feine Würfel schneiden, die Zwiebelwürfel in
15 g (1 Teel.) Pflanzenöl	glasig dünsten,
Apfelwürfel, 200 g salzarmes Sauerkraut 1 Teel. Tomatenmark 1 Lorbeerblatt 2 – 3 Wacholderbeeren Pfeffer	hinzufügen
etwas Wasser	hinzugießen, das Ganze bei schwacher Hitze zugedeckt etwa 20 Minuten garen

180 g Kabeljaufilet	unter fließendem kaltem Wasser abspülen, trockentupfen, in 1 – 1 ½ cm große Würfel schneiden, mit
Weinessig	beträufeln, mit
Paprika, edelsüß	bestreuen (der Fisch soll durch den Paprika eine rote Färbung annehmen) die Fischwürfel 5 Minuten vor Beendigung der Garzeit unter das Sauerkraut heben, Lorbeerblatt und Wacholderbeeren entfernen, abschmecken.

Fischpfanne

4 mittelgroße Zwiebeln	abziehen, halbieren, in Scheiben schneiden
3 Fenchelknollen (600 g)	putzen, von dem Grün etwas beiseite stellen, die Knollen waschen, halbieren, in Streifen schneiden
6 mittelgroße Tomaten	kurze Zeit in kochendes Wasser legen (nicht kochen lassen), in kaltem Wasser abschrecken, enthäuten, die Stengelansätze herausschneiden, die Tomaten achteln
750 g Kartoffeln	schälen, waschen, in dünne Scheiben schneiden, von
6 Eßl. Speiseöl	3 Eßlöffel erhitzen, die Kartoffelscheiben darin etwa 5 Minuten anbraten, herausnehmen, das restliche Öl erhitzen, Zwiebelscheiben und Fenchelstreifen darin anbraten, 10 – 15 Minuten dünsten lassen, die Zutaten (außer den Tomaten) in eine gefettete, feuerfeste Form geben
600 g Schellfischfilet	trockentupfen, in Stücke schneiden, mit
2 Eßl. Zitronensaft	beträufeln, mit
Salz	bestreuen, zusammen mit den Tomatenachteln in die Form geben, mit dem gewaschenen, geschnittenen Fenchelgrün bestreuen, die Form auf dem Rost in den Backofen schieben
Ober-/Unterhitze:	etwa 200 °C (vorgeheizt)
Heißluft:	etwa 180 °C (nicht vorgeheizt)
Gas:	Stufe 4 – 5 (vorgeheizt)
Garzeit:	12 – 15 Minuten.
Tip:	Fischpfanne mit 100 g geraspeltem mittelaltem Gouda bestreuen, in den Backofen schieben.

Forelle blau, gekocht

4 größere oder 8 kleinere Forellen (etwa 1 kg)	mit einem scharfen Küchenmesser an der Bauchseite aufschlitzen, ausnehmen, unter fließendem kaltem Wasser gründlich waschen, mit dem Daumennagel den schwarzen Streifen am Rückgrat herausschälen, die Forellen innen mit
Salz	bestreuen, nach Belieben rund binden (einen starken Faden mit einer Nadel durch Kopf und Schwanz ziehen und die Fadenenden verknoten) oder
2 Pakete tiefgekühlte Regenbogenforellen	die Forellen mit dem Kopf zuerst in so viel
kochende Flüssigkeit (auf 1 l Wasser: 4 Eßl. Weißwein, 5 Eßl. Essig, 3 gehäufte Teel. Salz)	geben, daß sie bedeckt sind, zum Kochen bringen, den Topf von der Kochstelle nehmen, die Forellen gar ziehen lassen (der Fisch ist gar, wenn sich Kiemen und Flossen leicht herausziehen lassen)
Garzeit:	Etwa 20 Minuten.
Beigabe:	Petersilienkartoffeln, zerlassene Butter, Grüner Salat.

Gedünsteter Fisch

(im Kochtopf)

1 kg küchenfertigen Kabeljau (im Stück oder geteilt)	evtl. unter fließendem kaltem Wasser abspülen, trockentupfen, mit
Salz frisch gemahlenem Pfeffer	innen und außen einreiben
1 Bund Suppengrün	putzen, waschen, zerkleinern
1 Zwiebel	abziehen, vierteln, beide Zutaten mit

(Fortsetzung auf Seite 81)

Fisch im Fenchelbett, Rezept Seite 68

Fisch-Curry, Rezept Seite 70

Kabeljau mit Petersilienfüllung, Rezept Seite 82

Rotbarsch „Mallorquin", Rezept Seite 87

125 ml (⅛ l) Weißwein	
125 ml (⅛ l) Wasser	
Salz	
1 Lorbeerblatt	
5 Pfefferkörnern	
3 Gewürznelken	
3 Pimentkörnern (Nelkenpfeffer)	zum Kochen bringen, etwas einkochen lassen, den Fisch mit
Zitronensaft	beträufeln, dazugeben, gar ziehen lassen, den Fisch auf einer vorgewärmten Platte anrichten
Garzeit:	etwa 20 Minuten.
Beilage:	Zerlassene, etwas gebräunte Butter, Salzkartoffeln.
Abwandlung:	Anstelle von Kabeljau folgende Fische verwenden: 1. Schellfisch, Seelachs, Rotbarsch, Garzeit etwa 20 Minuten 2. Zander (geschuppt, ausgenommen, ohne Flossen, mit Kopf), Garzeit etwa 25 Minuten 3. Hecht (geschuppt, ausgenommen, ohne Flossen, mit Kopf), Garzeit etwa 25 Minuten.

Indonesischer Fischtopf

(2 Portionen)

2 Kabeljaufilets (je 100 g)	unter fließendem, kaltem Wasser abspülen, trockentupfen, mit etwas
Weinessig	beträufeln, etwa 15 Minuten stehen lassen, trockentupfen, mit
Pfeffer	
Ingwer, gemahlen	würzen eine feuerfeste, flache Form mit
5 g (1 Teel.) Pflanzenmargarine	einfetten
250 g Sojabohnen-keime	in ein Sieb geben, kalt abspülen, abtropfen lassen, in der gefetteten Form verteilen Fischfilet nebeneinander darauflegen
1 Knoblauchzehe	abziehen, fein zerdrücken, mit

100 g saurer Sahne (10 % F.)	verrühren
2 Eßl. gehackten Dill	abspülen, trockentupfen, fein hacken, dazugeben mit Pfeffer würzen die Sauce über die Zutaten gießen mit
20 g Mandelstiften	bestreuen auf dem Rost im vorgeheizten Backofen (Strom: etwa 220 °C/Gas: etwa Stufe 4) 25 – 30 Minuten garen.

Kabeljau mit Petersilienfüllung

(Foto Seite 79)

1 küchenfertigen Kabeljau (etwa 1 ½ kg)	unter fließendem kaltem Wasser abspülen, trockentupfen, mit
Zitronensaft	beträufeln, etwa 30 Minuten stehenlassen, trockentupfen, innen und außen mit
Salz gemahlenem weißem Pfeffer	würzen
für die Füllung	
1 Bund Frühlingszwiebeln (etwa 250 g)	putzen, das dunkle Grün bis auf etwa 15 cm entfernen, die Knollen evtl. abziehen, die Frühlingszwiebeln waschen, in Ringe schneiden
1 Eßl. Diät-Pflanzenfett	zerlassen, die Frühlingszwiebelringe darin fast gar dünsten
2 – 3 Eßl. gehackte glatte Petersilie 2 – 3 Eßl. gehackte krause Petersilie	zu den Zwiebelringen geben, mitdünsten lassen, mit
Salz	

Worcestersauce	würzen, ein großes Stück Alufolie in die Rostbratpfanne des Backofens legen, den Fisch mit dem Rücken nach unten darauflegen, die Petersilienmasse in den Bauch füllen, etwas davon auf den Fisch geben
2 Tomaten (150 g)	waschen, abtrocknen, die Stengelansätze entfernen, die Tomaten in Scheiben schneiden, auf den Fisch legen, mit
Salz	
Pfeffer	bestreuen, die Alufolie um den Fisch zusammenfalten, gut verschließen, die Rostbratpfanne in den vorgeheizten Backofen schieben
Strom:	Etwa 250 °C
Gas:	5 – 6
Garzeit:	Etwa 45 Minuten
Beilage:	Kartoffeln, grüner Salat.

Kabeljaufilet auf Kartoffeln und Lauchzwiebeln

700 g festkochende Kartoffeln	schälen, waschen, der Länge nach vierteln
2 l Salzwasser	zum Kochen bringen, die Kartoffelviertel etwa 10 Minuten darin blanchieren, auf ein Sieb geben, abtropfen lassen, eine große Auflaufform im Backofen warmstellen, die heiße Form herausnehmen
120 g Butter	darin zerlassen
2 Bund Frühlingszwiebeln	putzen, waschen, in grobe Stücke schneiden, in der Butter andünsten, die abgetropften Kartoffeln hinzufügen,
600 g Kabeljaufilet (ohne Haut und Gräten)	unter fließendem kaltem Wasser abspülen, trockentupfen, in vier Stücke zerteilen, mit
Salz	
frisch gemahlenem Pfeffer	bestreuen

2 Knoblauchzehen	abziehen, zerdrücken, auf die Filets streichen, die Kabeljaufilets auf die Kartoffeln legen, die Form auf dem Rost in den Backofen schieben
Ober-/Unterhitze:	etwa 200 °C (vorgeheizt)
Heißluft:	etwa 170 °C (nicht vorgeheizt)
Gas:	etwa Stufe 4 (vorgeheizt)
Garzeit:	20 – 30 Minuten.
Tip:	Mit gehackter Petersilie bestreut servieren. Dieses Fischgericht schmeckt auch ohne Knoblauch.

Kabeljau in Knoblauch-Soße

1 Packung (400 g) tiefgekühltes Kabeljaufilet	aus der Packung nehmen, 10 Minuten antauen lassen, mit
2 Eßl. Zitronensaft	beträufeln, etwa 15 Minuten stehenlassen, in eine gefettete Auflaufform geben
	Für die Knoblauch-Soße
3 Knoblauchzehen 1 mittelgroße Zwiebel	beide Zutaten abziehen, fein würfeln
3 Eßl. Olivenöl	erhitzen, Knoblauch- und Zwiebelwürfel darin andünsten
350 g feste Tomaten	kurze Zeit in kochendes Wasser legen (nicht kochen lassen), in kaltem Wasser abschrecken, enthäuten, die Stengelansätze herausschneiden, die Tomaten in Würfel schneiden, mit
2 Eßl. gehackter Petersilie 1 Eßl. gerebeltem Oregano	zu den übrigen Zutaten geben, die Soße mit
Salz, Zucker	abschmecken, über den Fisch verteilen, die Auflaufform auf dem Rost in den vorgeheizten Backofen schieben
Ober-/Unterhitze:	200 – 225 °C (vorgeheizt)
Heißluft:	180 – 200 °C (nicht vorgeheizt)
Gas:	Stufe 5 – 6 (vorgeheizt)
Backzeit:	25 – 30 Minuten.

Karpfen blau, gedünstet

(im Backofen)

1 ¼ kg küchenfertigen Karpfen	unter fließendem kaltem Wasser abspülen, innen mit
Salz	einreiben (nicht von außen salzen, da dann der Schleim, der die Blaufärbung hervorruft, verletzt würde), den Karpfen auf den Rost auf eine Rostbratpfanne setzen (Karpfen auf eine geschälte rohe Kartoffel setzen), ihn mit
500 ml (½ l) kochendheißem Essigwasser	übergießen, der Zugluft aussetzen, den Karpfen in eine gefettete, feuerfeste Form (Platte) setzen (mit der Kartoffel), auf dem Rost in den vorgeheizten Backofen schieben – der Karpfen ist gar, wenn sich die Rückenflosse leicht herausziehen läßt – 5 Minuten vor Beendigung der Dünstzeit den Karpfen mit
50 g zerlassener Butter	übergießen, damit die Farbe erhalten bleibt, den Karpfen sofort servieren (blau gedünstete Fische nicht der Nachhitze aussetzen, da sie sonst ihre Farbe verlieren würden)
Ober-/Unterhitze:	175 – 200 °C
Heißluft	160 – 180 °C
Gas:	Stufe 2 – 3
Dünstzeit:	45 – 50 Minuten.
Abwandlung:	Anstelle von Karpfen: Forellen, je 300 g (rundgebunden, ohne Kartoffel), nehmen Dünstzeit: 25 – 30 Minuten.

Mexikanisches Fischgericht

(2 Portionen; Foto Seite 40)

2 Scheiben Heilbutt (je 120 g)	unter fließendem kaltem Wasser abspülen, trockentupfen, mit
Weinessig	beträufeln, etwa 20 Minuten stehenlassen
1 Zwiebel	abziehen, halbieren, in feine Würfel schneiden die Zwiebelwürfel in

15 g (1 Eßl.) Pflanzenöl	goldgelb rösten
	den Fisch wieder trockentupfen, mit
Pfeffer wenig Salz	würzen, zu den Zwiebelwürfeln geben, auf jeder Seite kurz andünsten
250 g Paprikaschote, rot und grün, vorbereitet	würfeln, neben den Fisch legen, mit
½ Eßl. Thymian	und Pfeffer würzen
	bei schwacher Hitze etwa 10 Minuten dünsten lassen
5 – 6 Pfefferminzblättchen	waschen, sehr fein schneiden, zusammen mit den abgetropften
150 g Maiskörnern (Dose oder Glas)	unter die Paprikawürfel mischen, erhitzen, mit Pfeffer, Salz abschmecken.

Muscheln in Weinsud

2 kg Miesmuscheln	in reichlich kaltem Wasser gründlich waschen, einzeln abbürsten, bis sie nicht mehr sandig sind (Muscheln, die sich beim Waschen nicht öffnen, sind nicht genießbar)
2 mittelgroße Zwiebeln	abziehen, in Ringe schneiden
1 Bund Suppengrün	putzen, waschen, grob zerkleinern
50 g Butter	zerlassen, Zwiebeln und Suppengrün kurz darin andünsten
500 ml (½ l) trockenen Weißwein	hinzugießen, mit
Salz frisch gemahlenem Pfeffer	würzen, einmal aufkochen lassen, die Muscheln hinzufügen, so lange darin erhitzen (nicht kochen lassen), bis sie sich öffnen (Muscheln, die sich nach dem Garen nicht öffnen, sind ungenießbar), die Muscheln in einer vorgewärmten Schüssel anrichten, die Brühe nochmals mit den Gewürzen abschmecken, zu den Muscheln reichen
Garzeit:	etwa 10 Minuten.
Beilage:	Vollkornbrot mit Butter

Riesengarnelen-Spieße

12 tiefgekühlte Riesengarnelen (ohne Kopf, mit Schale)	nach Packungsanleitung auftauen lassen
4 Cocktailtomaten	unter fließendem kaltem Wasser abspülen, trockentupfen, halbieren, die Stengelansätze herausschneiden
1 gelbe Paprikaschote	halbieren, entstielen, entkernen, die weißen Scheidewände entfernen, die Schote waschen, in größere Stücke schneiden, in
Salzwasser	3 – 4 Minuten kochen lassen, zum Abtropfen auf ein Sieb geben, enthäuten
4 Knoblauchzehen	abziehen, halbieren
8 kleine frische Champignons	putzen, mit Küchenpapier abreiben, alle Zutaten abwechselnd auf Holz- oder Schaschlikspieße stecken
2 Knoblauchzehen	abziehen, durch eine Knoblauchpresse drücken
30 g Butter	zerlassen, mit dem Knoblauchmus,
1 Eßl. Zitronensaft	
Salz	
Zucker	verrühren, die Spieße damit bestreichen, in einer erhitzten, beschichteten Pfanne ohne Fett von beiden Seiten garen
Garzeit für jede Seite:	etwa 2 Minuten.
Tip:	Die Spieße unter dem vorgeheizten Grill auf Alufolie garen.

Rotbarsch „Mallorquin“

(Foto Seite 80)

1 Tonform	10 Minuten in kaltem Wasser einweichen
500 g küchenfertiger Rotbarsch (im Stück)	unter fließendem kaltem Wasser abspülen, trockentupfen, mit
Essig	beträufeln, etwa 30 Minuten stehenlassen
1 Zwiebel	abziehen, halbieren, in feine Würfel schneiden
200 g Zucchini, vorbereitet	waschen, Stengelansatz und evtl. vorhandene braune Stellen abschneiden

200 g Möhren, vorbereitet	schälen
100g Staudensellerie, vorbereitet	putzen, waschen
400 g Kartoffeln, vorbereitet	schälen, waschen
500 g schnittfeste Tomaten, vorbereitet	kurze Zeit in kochendes Wasser legen (nicht kochen lassen), in kaltem Wasser abschrecken, enthäuten, die Stengelansätze herausschneiden, in Würfel schneiden, mit den geschnittenen Zutaten vermengen
1 Knoblauchzehe	abziehen, durch die Knoblauchpresse drücken oder in feine Scheiben schneiden, mit
Salz	bestreuen, mit der Messerklinge fein zerdrücken
2 Zweige Thymian	
2 Zweige Rosmarin	
1 Zweig Salbei	abspülen
Pfeffer	
wenig Salz	und Knoblauch unter das Gemüse mischen die Gemüse-Kartoffel-Mischung in die Tonform füllen den Fisch wieder trockentupfen, mit Pfeffer und wenig Salz würzen, auf das Gemüse legen. Die Tonform schließen, in den kalten Backofen auf den Rost stellen (Strom: etwa 200 °C/Gas: etwa 3) 70 – 75 Minuten garen, während der Garzeit 1 – 2mal das Gemüse wenden vor dem Servieren die Kräuterzweige entfernen.

Seelachsfilet, gedünstet

750 g Seelachsfilet	unter fließendem kaltem Wasser abspülen, trockentupfen, mit
2 Eßl. Zitronensaft	beträufeln, etwa 15 Minuten stehenlassen, wieder trockentupfen, mit
Salz	
Pfeffer	bestreuen
1 kleine Zwiebel	abziehen, würfeln
20 g Butter oder Margarine	zerlassen, die Zwiebelwürfel darin glasig dünsten lassen

2 Eßl. Wasser	hinzufügen, Fischfilet,
10 Pfefferkörner	
1 kleines Lorbeerblatt	
1 Gewürznelke	
2 Pimentkörner	
(Nelkenpfeffer)	hinzufügen, gar dünsten lassen, das gare Fischfilet auf einer vorgewärmten Platte anrichten, mit
Zitronenscheiben	
Petersilie	garnieren
Dünstzeit:	8 – 10 Minuten.
Beilage:	Salzkartoffeln, gemischter Salat.
Veränderung:	Anstelle von Seelachsfilet Kabeljau-, Rotbarschfilet, Heilbuttscheiben (Dünstzeit: 8 – 10 Minuten) oder Blaulengfilet (Dünstzeit: 10 – 12 Minuten) verwenden.

Schollenfilets auf Champignons

(2 Portionen)

2 Schollenfilets	
ohne Haut (je 120 g)	unter fließendem kaltem Wasser abspülen, trockentupfen, an der Mittelnaht entlang halbieren, mit
Zitronensaft	beträufeln, etwa 20 Minuten stehenlassen, wieder trockentupfen, mit
Pfeffer, wenig Salz	würzen
1 Zwiebel	abziehen, halbieren, in feine Würfel schneiden
250 g frische	
Champignons,	
vorbereitet	putzen, unter fließendem Wasser waschen, abtropfen lassen, in feine Scheiben schneiden die Zwiebelwürfel in
5 g (1 Teel.) Pflanzenöl	glasig dünsten lassen die Pilze untermischen, 1 – 2 Minuten unter ständigem Wenden dünsten lassen die Fischstreifen an beiden Enden anfassen, spiralförmig gegeneinander drehen, auf die Pilze legen bei schwacher Hitze etwa 8 Minuten dünsten lassen
½ Bund	
Zitronenmelisse	und
1 Eßl. Schlagsahne	unter die Pilze mischen, mit Pfeffer und Salz abschmecken.

Spaghetti mit italienischer Sauce

(2 Portionen)

	Reichlich
Salzwasser	mit
1 Lorbeerblatt	
2 Salbeiblättern	und
etwas Pflanzenöl	zum Kochen bringen
100 g eifreie Spaghetti	hineingeben, etwa 15 Minuten garen lassen in ein Sieb schütten, mit kaltem Wasser abspülen
150 g Seelachsfilet	unter fließendem kaltem Wasser abspülen, trockentupfen, in etwa 1 cm große Würfel schneiden die Fischwürfel mit
Essig oder Zitronensaft	beträufeln, etwa 15 Minuten stehenlassen, wieder trockentupfen, in
5 g (1 Teel.) Pflanzenöl	kräftig anbraten, die Fischwürfel aus der Pfanne nehmen, warm stellen
1 Dose Tomaten (EW 400 g)	in das Bratfett in die Pfanne geben, mit
1 Eßl. Kapern	
1 Teel. italienischer Kräutermischung (oder Kräuter der Provence)	
1 Lorbeerblatt	
1 abgezogener, fein zerdrückter Knoblauchzehe	würzen etwa 10 Minuten bei schwacher Hitze kochen lassen
4 Eßl. gehacktes Basilikum	und Fischwürfel in die Sauce geben Lorbeerblatt entfernen, die Spaghetti unterheben, erhitzen, sofort servieren.

Geflügel
und
Wild

Hähnchenauflauf mit Zuckerschoten und Zucchini in Kräuter-Käse-Creme

400 g Hähnchenfleisch	unter fließendem kaltem Wasser abspülen, trockentupfen, in grobe Würfel schneiden,
3 Eßl. Speiseöl	in einer Pfanne erhitzen, das Hähnchenfleisch rundherum kräftig anbraten, von
200 g Zuckerschoten	die Enden abschneiden, in kochendem Wasser etwa 2 Minuten blanchieren, auf einem Sieb abtropfen lassen
1 mittelgroße Zwiebel	abziehen, würfeln, in der für das Fleisch benutzten Pfanne andünsten
200 g Zucchini	waschen, abtrocknen, die Enden abschneiden, in Scheiben schneiden, hinzufügen und andünsten, mit
Salz frisch gemahlenem Pfeffer etwas geriebener Muskatnuß 1 abgezogenen, zerdrückten Knoblauchzehe	würzen
125 g Frischkäse	mit
200 ml Schlagsahne 2 Eiern 1 Eßl. gehacktem Kerbel 1 Eßl. gehackter Petersilie 1 Eßl. geschnittenem Schnittlauch	verrühren, eine flache Auflaufform ausbuttern, mit Fleisch, Gemüse- und Zwiebelwürfeln füllen, mit der Eiersahne übergießen
40 g geriebenen Greyerzer 30 Butterflöckchen	darüberstreuen, auf dem Rost in den kalten Backofen schieben
Ober-/Unterhitze:	180 – 200 °C
Heißluft:	160 – 180 °C
Gas:	Stufe 3 – 4
Backzeit:	30 – 40 Minuten.

Hähnchenbrüstchen auf lauwarmen Gemüsestreifen

	Für die Gemüsestreifen
100 g Möhren	
100 g Kohlrabi	
100 g grüne Bohnen	
100 g Zucchini	putzen, abspülen und gleichlange feine Streifen schneiden, jedes Gemüse separat in leicht gesalzenem Wasser etwa 4 Minuten, die grünen Bohnen etwa 8 Minuten bißfest kochen in leicht gesalzenem Eiswasser abschrecken und gut abtropfen lassen aus
2 Eßl. Balsamiessig	
6 Eßl. Distelöl	
1 Eßl. Geflügelbrühe	
Salz	
frisch gemahlenem	
weißem Pfeffer	ein Dressing herstellen Gemüsestreifen in eine Schüssel geben und mit dem Dressing überziehen, durchziehen lassen und zwischendurch mehrmals wenden
4 Hähnchenbrüstchen	unter fließendem kaltem Wasser abspülen, trockentupfen, mit Salz und Pfeffer würzen und von jeder Seite etwa 1 ½ Minuten in
35 g Butter	braten, etwas ruhen lassen Gemüsestreifen sanft erwärmen, abtropfen lassen und auf vorgewärmten Tellern anrichten Hähnchenbrüstchen schräg in dicke Scheiben schneiden und zu den Gemüsestreifen legen. Dazu passen selbstgemachte Nudeln in Sahne.

Hähnchengeschnetzeltes im Kartoffel-Ring

(Foto Seite 20)

	Für den Kartoffelring
750 g mehligkochende Kartoffeln, vorbereitet	schälen, waschen, kleinschneiden, im Kartoffeldämpfer oder in wenig Wasser garen. Die Kartoffeln abgießen, sofort durch eine Kartoffelpresse drücken oder fein stampfen mit
125 ml (⅛ l) heißer Milch (1,5 % F.)	und
10 g (2 gestr. Teel.) Pflanzenmargarine	zu einem glatten Brei verrühren, mit
Muskat Pfeffer wenig Salz	abschmecken
2 Eßl. gehackte Petersilie oder Kerbel	unterrühren, das Püree warm stellen.
	Für das Hähnchen-Geschnetzelte
250 g Hähnchenbrustfilet	unter fließendem kaltem Wasser abspülen, trockentupfen, in Streifen schneiden
2 Zwiebeln	abziehen, halbieren, in feine Würfel schneiden das Fleisch in
15 g (1 Eßl.) Pflanzenöl	kräfitg anbraten, die Zwiebelwürfel hinzufügen, goldgelb dünsten
100 ml Wasser	dazugießen, mit
½ Teel. Paprika, edelsüß 1 Teel. Kräutern der Provence 1 Teel. zerdrückten, grünen Pfefferkörnern	würzen bei schwacher Hitze etwa 5 Minuten schmoren lassen

1 Packung (300 g) tiefgekühlte grüne Erbsen untermischen, 10 Minuten mitgaren lassen

2 Eßl. gehackte Kräuter (z. B. Estragon oder glatte Petersilie) unterrühren

das Geschnetzelte mit wenig Salz abschmecken, das Hähnchen-Geschnetzelte in die Mitte des Kartoffelringes füllen

eine Kranzform mit

5 g (1 gestr. Teel.) Pflanzenmargarine ausfetten, mit

20 g gehackten Walnußkernen ausstreuen

vor dem Servieren das heiße Püree in die Form füllen, leicht andrücken, auf eine vorgewärmte Platte stürzen.

Hähnchen-Gulasch

Für 2 Personen

300 g Zwiebeln abziehen, in Scheiben schneiden

50 g Pflanzenfett, z. B. von Biskin erhitzen, die Zwiebeln darin dünsten

2 Eßl. Paprika, edelsüß darüberstreuen, mitdünsten lassen

2 Hähnchenbrustfilets unter fließendem kaltem Wasser abspülen, trockentupfen, enthäuten, in etwa 3 cm große Würfel schneiden

300 g rote Paprikaschoten halbieren, entstielen, entkernen, die weißen Scheidewände entfernen, die Schoten waschen, in etwa 2 cm große Würfel schneiden

400 g Tomaten (aus der Dose) abtropfen lassen, die Flüssigkeit auffangen, die Tomaten in Stücke schneiden, das Fleisch, Gemüse und die Tomatenflüssigkeit zu den gedünsteten Zwiebeln geben, mit

1 Eßl. körniger Instant-Fleischbrühe	
Salz, gemahlenem Kümmel	würzen
2 Lorbeerblätter	dazugeben, das Gulasch 20 Minuten zugedeckt schmoren lassen, die Lorbeerblätter entfernen
1 Bund Petersilie	waschen, abtrocknen, fein hacken
2 Gewürzgurken	in kleine Würfel schneiden, beide Zutaten zu dem Gulasch geben, miterhitzen, das Gulasch in eine vorgewärmte Schüssel füllen
2 hartgekochte Eier	pellen, hacken, über das Gulasch streuen
Schmorzeit:	etwa 25 Minuten.

Hähnchenkeulen auf Curryobst

2 mittelgroße Zwiebeln	abziehen
2 mittelgroße Äpfel	schälen, halbieren, beide Zutaten in Scheiben schneiden
150 g Ananasstücke (aus der Dose)	zum Abtropfen auf ein Sieb geben, den Saft auffangen
4 Hähnchenkeulen (je 250 g)	unter fließendem kaltem Wasser abspülen, trockentupfen, mit
Salz	einreiben
20 g Pflanzenfett	erhitzen, die Keulen von allen Seiten gut darin anbraten, herausnehmen, die übrigen Zutaten in dem Bratfett andünsten, mit Salz,
Currypulver gerebeltem Thymian	würzen, mit 3 Eßlöffeln Ananassaft verrühren, in einer flachen Auflaufform verteilen, die Hähnchenkeulen darauf legen, mit Thymian bestreuen, die Form auf dem Rost in den Backofen schieben
Ober-/Unterhitze:	etwa 200 °C (vorgeheizt)
Heißluft:	etwa 180 °C (nicht vorgeheizt)
Gas:	Stufe 3 – 4 (vorgeheizt)
Garzeit:	etwa 30 Minuten.
Beilage:	Reis, Salate

Hähnchen-Paella, Rezept Seite 101

Hasenfilet mit Backpflaumen, Rezept Seite 102

Hasenläufe in Brombeersauce, Rezept Seite 103

Pute, Rezept Seite 108

Hähnchen-Paella

(Foto Seite 97)

4 Hähnchen-Keulen	enthäuten, halbieren
2 Zwiebeln	
2 Knoblauchzehen	beide Zutaten abziehen, würfeln
4 enthäutete Tomaten	in Stücke schneiden (Stengelansätze herausschneiden)
2 Paprikaschoten	halbieren, entstielen, entkernen, die weißen Scheidewände entfernen, die Schoten waschen, in Stücke schneiden
1 kleinen Blumenkohl	putzen, in Röschen teilen, waschen
4 Eßl. Speiseöl	in einer großen Pfanne erhitzen, die Fleischstücke darin braun braten, Zwiebel-, Knoblauchwürfel hinzufügen, kurz mitbraten lassen, Tomaten-, Paprikastücke, Blumenkohlröschen zufügen, mit
Salz	
Pfeffer	würzen
200 g italienischen Rundkornreis	einstreuen, unter Rühren anbraten
2 Briefchen gemahlenen Safran	unterrühren
etwa 500 ml (½ l) Instant-Hühnerbrühe	hinzugießen, zum Kochen bringen, bei schwacher Hitze in etwa 30 Minuten gar schmoren lassen.

Hähnchenschnitzel mit Orangensauce

4 (400 g) Hähnchen-schnitzel	unter fließendem, kaltem Wasser abspülen, trockentupfen, mit
Jodsalz	
Pfeffer	würzen, in
20 g Butter	von beiden Seiten kurz anbraten
1 Zwiebel	fein hacken, zugeben und glasig werden lassen von
2 Orangen	eine Orange schälen, filieren, den Saft dabei auffangen, die zweite Orange auspressen

125 ml Hühnerbrühe	zusammen mit dem Orangensaft zum Fleisch geben, zugedeckt 10 Minuten schmoren lassen, dann das Fleisch herausnehmen und warmstellen, die Sauce mit
1 Eßl. (20 g) Honig	
1 Eßl. (15 g) Sojasauce	
Orangenschalenaroma	
Ingwer	würzen, die Orangenstücke zugeben und mit
50 g saurer Sahne (10 % F.)	verfeinern die Sauce über die Hähnchenschnitzel geben und mit
125 g gegartem Reis	servieren.

Hasenfilet mit Backpflaumen

(Foto Seite 98)

1 kg (1 großer) Hasenrücken, ungespickt	Filets von dem Hasenrücken lösen (auch die unteren kleinen Filets), unter fließendem, kaltem Wasser abspülen, trockentupfen
Nelken, gemahlen	
Pfeffer aus der Mühle	vermischen, das Fleisch damit einreiben
50 g rohen, mageren Schinken	in feine Streifen schneiden Filets in
15 g (1 Eßl.) Speiseöl	kräftig anbraten, Schinken hinzufügen
200 g Backpflaumen, entsteint	vierteln, kurz mit dem Fleisch mitbraten
250 ml (¼ l) trockenen Rotwein	und etwas Wasser langsam nacheinander hinzugeben, 30 – 35 Minuten garen Sauce immer wieder einköcheln lassen, mit
50 ml Crème fraîche	binden.

Hasenkeulen

4 Hasenkeulen	
(etwa 800 g)	enthäuten, unter fließendem kaltem Wasser abspülen, trockentupfen, mit
3 Eßl. Speiseöl	bestreichen, mit
gerebeltem Thymian	
geschnittenem Rosmarin	bestreuen, 2 Stunden stehenlassen, mit
Salz	
frisch gem. Pfeffer	bestreuen, in einer heißen Pfanne von allen Seiten gut anbraten
1 Glas Sauerkirschen	
(Abtropfgewicht 370 g)	auf ein Sieb geben, abtropfen lassen, mit etwas von dem Sauerkirschsaft den Bratensatz ablöschen, die Keulen gar schmoren lassen, 10 Minuten vor Ende der Schmorzeit die Sauerkirschen hinzufügen, mitschmoren lassen
Schmorzeit:	etwa 1 Stunde.

Hasenläufe in Brombeersauce

(Foto Seite 99)

12 Hasenläufe	enthäuten, abspülen und trockentupfen, Knochen bis zum Fleischansatz abschlagen, Fleisch über Nacht in
350 ml Sherry	
350 ml Rotwein	marinieren
2 Zwiebeln	schälen und feinhacken
400 g Brombeeren	verlesen, abspülen und abtropfen lassen
	Hasenläufe aus der Marinade nehmen, trockentupfen
6 Eßl. Speiseöl	in einem Bräter erhitzen und das Fleisch darin von allen Seiten anbraten
	Zwiebeln dazugeben, kurz andünsten
	Brombeeren dazugeben, mit der Marinade auffüllen
2 Lorbeerblätter	hinzufügen
	Fleisch etwa 25 Minuten bei mittlerer Hitze garen, Hasenläufe herausnehmen
	Sauce im Mixer pürieren
3 Eßl. Crème fraîche	unterrühren, einkochen, mit
Salz, Pfeffer	abschmecken, Kartoffeltörtchen dazu reichen.

Hirschragout mit Austernpilzen

800 g Hirschfleisch (aus der Keule)	unter fließendem kaltem Wasser abspülen, trockentupfen, in Würfel schneiden
2 Eßl. Speiseöl	erhitzen, die Fleischwürfel in 2 Portionen teilen, in dem Öl von allen Seiten portionsweise anbraten
1 Zwiebel	abziehen, halbieren, in Scheiben schneiden, hinzufügen, mitbräunen lassen, angebratene Fleischwürfel mit
Salz **frisch gemahlenem Pfeffer** **1 Lorbeerblatt** **etwas gemahlenem Piment** **etwas abgeriebener Zitronenschale (unbehandelt)**	würzen
250 ml (¼ l) Wildfond (evtl. aus dem Glas)	dazugeben, das Fleisch etwa 1 Stunde gar schmoren lassen
250 g Austernpilze	putzen, waschen, trockentupfen, in Stücke teilen
20 g Butter	zerlassen, die Pilze etwa 5 Minuten darin dünsten, mit
125 ml (⅛ l) Rotwein **1 Eßl. Tomatenmark**	kurz vor Ende der Schmorzeit zu dem Ragout geben, kurz miterhitzen, mit Salz, Pfeffer,
gerebeltem Thymian	abschmecken
Garzeit:	etwa 65 Minuten.
Beilage:	Kartoffelklöße, Salzkartoffeln, Spätzle, Rotkohl, Apfelmus, Preiselbeerkompott.
Tip:	Damit das Fleisch zarter und der Wildgeschmack gemildert wird, sollte das Wildfleisch über Nacht in eine Marinade (Beize) aus Rotwein und Gewürzen oder einige Tage in Buttermilch gelegt werden.

Hühner-Curry

1 küchenfertiges Huhn (etwa 1 kg)	waschen, abtrocknen
1 Bund Suppengrün	putzen, waschen, kleinschneiden, das Huhn mit dem Suppengrün in
1 ½ – 2 l kochendes Salzwasser	geben, zum Kochen bringen, in etwa 1 ½ Stunden gar kochen lassen, das Fleisch von den Knochen lösen, in Streifen schneiden, die Brühe durch ein Sieb gießen, 500 ml (½ l) davon abmessen
2 Möhren	putzen, schälen
1 Stück Sellerie	putzen, schälen, beide Zutaten waschen, in kleine Würfel schneiden
1 Stange Porree	putzen, längs halbieren, waschen, in feine Streifen schneiden
1 Zwiebel	abziehen, würfeln
40 g Margarine	zerlassen, das Gemüse etwa 10 Minuten darin dünsten lassen
1 ½ Eßl. Currypulver	dazugeben, kurz durchdünsten, das Hühnerfleisch in dem Gemüse erhitzen, die Hühnerbrühe hinzugießen, zum Kochen bringen
3 Scheiben Ananas (aus der Dose)	abtropfen lassen
1 Banane	schälen
1 Apfel	schälen, halbieren, entkernen, das Obst in kleine Stücke schneiden, zu dem Curryfleisch geben, 3 – 5 Minuten ziehen lassen, mit
Salz Zucker	abschmecken, mit
Apfel- und Ananasscheiben	garnieren.
Garzeit:	Etwa 1 ½ Stunden.
Beilage:	Reis, Grüner Salat.

Huhn Marengo

1 küchenfertiges Hähnchen (etwa 1,5 kg)	unter fließendem kaltem Wasser abspülen, trockentupfen, in 4 Portionsstücke teilen
1 Knoblauchzehe	abziehen, fein würfeln, Hähnchenteile mit Knoblauch,
Salz frisch gemahlenem Pfeffer	einreiben
2 Eßl. Speiseöl	erhitzen, Hähnchenteile darin von allen Seiten gut anbraten
500 g Tomaten	kurze Zeit in kochendes Wasser legen (nicht kochen lassen), in kaltem Wasser abschrecken, enthäuten, die Tomaten vierteln, die Stengelansätze herausschneiden, entkernen, würfeln, zu dem Fleisch geben, mit
250 ml (¼ l) Weißwein	ablöschen, das Fleisch schmoren lassen, von Zeit zu Zeit wenden, verdampfte Flüssigkeit nach und nach durch
Weißwein	ersetzen
250 g kleine Champignons	putzen, waschen
10 entkernte grüne Oliven	abtropfen lassen, zusammen mit den Champignons nach etwa 30 Minuten Schmorzeit zu dem Hähnchenfleisch geben, schmoren lassen, die garen Hähnchenteile anrichten, den Bratensatz mit Salz, Pfeffer abschmecken, über das Fleisch gießen.
Schmorzeit:	etwa 45 Minuten.
Tip:	Klassisch wird dieses Gericht, wenn man 10 g schwarze Trüffel (aus der Dose) fein würfelt, über das Fleisch gibt und das Huhn Marengo mit 4 gekochten Flußkrebsen (aus der Schale lösen) garniert.

Kaninchen auf „Luisengemüse“

1 Kaninchen (2 kg)	enthäuten, unter fließendem kaltem Wasser abspülen, trockentufpen, in Stücke teilen, mit
Salz	
frisch gemahlenem	
Pfeffer	würzen, in
Weizenmehl	wenden, in
3 Eßl. Olivenöl	
3 Eßl. Butter	anbraten
2 Schalotten	abziehen, fein würfeln
5 Knoblauchzehen	abziehen, fein hacken
2 Bund Petersilie	
1 Zweig Thymian	abspülen, trockentupfen, die Blätter von den Stengeln zupfen, fein hacken, 1 Eßl. Petersilie zurücklassen
2 Lorbeerblätter	
3 Wacholderbeeren	
5 Pfefferkörner	Knoblauch, Zwiebeln, Kräuter hinzufügen, mit
125 ml (⅛ l) Rotwein	ablöschen, reduzieren
125 ml (⅛ l) Wildfond	zugießen, den Bräter in den Backofen schieben
Ober-/Unterhitze:	180 °C (vorgeheizt)
Heißluft:	160 °C (nicht vorgeheizt)
Gas:	Stufe 4 (vorgeheizt)
Garzeit:	50 Minuten, nach dem Garen den Bräter im Ofen noch 45 Minuten stehen lassen, Kaninchen herausnehmen, warm stellen, Fond durchsieben.
	Für das Luisengemüse
500 g Tomaten	kurze Zeit in kochendes Wasser legen (nicht kochen lassen), in kaltem Wasser abschrecken, enthäuten, die Stengelansätze herausschneiden, die Tomaten vierteln
200 g Frühlings-zwiebeln	abziehen, fein würfeln
100 g Egerlinge	mit Zwiebelwürfeln in
1 Eßl. Butter	anbraten
400 g rote Linsen	einweichen, Einweichwasser abschöpfen, zu dem übrigen Gemüse geben
2 Eßl. Tomatenmark	
1 Eßl. Petersilie	zugeben, mit Fond
500 ml (½ l) Wasser	auffüllen, mit

Salz	
frisch gemahlenem	
Pfeffer	
Kräuteressig	abschmecken, etwa 20 Minuten dünsten lassen, Kaninchen auf das Gemüse legen, nochmals 15 Minuten durchziehen lassen.

Pute

(Foto Seite 100)

1 küchenfertige	
Pute (etwa 4 kg)	waschen, abtrocknen, innen mit
Salz	und außen mit Salz,
Pfeffer	einreiben
4 Eßl. Speiseöl	mit
1 Eßl. Paprika	
edelsüß	verrühren, die Pute damit bestreichen, in den gewässerten Tontopf legen, mit dem Deckel verschließen, in den Backofen stellen, die gare Pute in Portionsstücke schneiden, auf einer vorgewärmten Platte anrichten, warm stellen, den Bratensatz durch ein Sieb gießen, das Fett abschöpfen, den Bratensatz mit
Wasser	auf ¼ l auffüllen, zum Kochen bringen
2 Teel. Speisestärke	mit
1 Eßl. kaltem Wasser	anrühren, den Bratensatz damit binden, die Soße nach Belieben mit Salz, Pfeffer, Paprika abschmecken
Gas:	4 – 5
Strom:	200 – 225 °C
Garzeit:	2 – 2 ½ Stunden.

Puten-Gemüse-Topf

250 g Putenbrustfilet	unter fließendem kaltem Wasser abspülen, trockentupfen
1 Zwiebel	abziehen
250 g Sellerieknolle,	
vorbereitet	putzen, schälen

250 g Möhren, vorbereitet	schälen
250 g Weißkohl, vorbereitet	putzen
500 g Kartoffeln	schälen das Gemüse und die Kartoffeln waschen das Gemüse, die Zwiebeln und die Kartoffeln in gleichgroße Würfel, den Kohl in Stücke schneiden das Fleisch in
15 g (1 Eßl.) Pflanzenöl	von beiden Seiten kräftig anbraten die Zwiebelwürfel hinzufügen, kurz mitbraten lassen das Gemüse hinzufügen, kurz mitbraten lassen die Kartoffeln hinzufügen, mit
Thymian oder Majoran, gerebelt Paprika, edelsüß Pfeffer	kräftig würzen
250 ml (¼ l) Wasser	hinzufügen, bei schwacher Hitze in 30 – 35 Minuten garen lassen
1 Bund glatte Petersilie	abspülen, trockentupfen, dieBlättchen von den Stengeln zupfen, fein hacken, zusammen mit
10 g (2 gestr. Teel.) Pflanzenmargarine	unterrühren, mit
Salz	abschmecken.

Puten-Pilz-Ragout

300 g Putenbrustfilet	unter fließendem kaltem Wasser abspülen, trockentupfen, in feine Streifen schneiden
1 Zwiebel	abziehen, halbieren, in feine Würfel schneiden
250 g Stein-Champignons oder Austernpilze, vorbereitet	putzen, unter fließendem kaltem Wasser waschen, je nach Größe in Viertel oder Sechstel schneiden das Fleisch in

15 g (1 Eßl.)	
Pflanzenöl	kräftig anbraten, die Zwiebelwürfel hinzufügen, goldgelb rösten, die Pilze untermischen, bei starker Hitze unter ständigem Wenden etwa 2 Minuten braten lassen
25 g (1 Teel.)	
Crème fraîche	unterrühren, mit
Zitronensaft	
1 Teel. zerdrückten, grünen Pfefferkörnern	
1 Teel. Thymian, gerebelt	
Salz	abschmecken
1 Bund Dill	abspülen, trockentupfen, die Dillspitzen fein schneiden, unter das Ragout rühren.

Putenbrust mit Blumenkohl, chinesisch und Grünkern

(2 Portionen)

200 g Putenbrustfilet	unter fließendem kaltem Wasser abspülen, trockentupfen, in feine Streifen schneiden aus
3 Eßl. Sojasauce	
2 Eßl. trockenem	
Sherry	und
Stärkemehl	eine Marinade bereiten, die Putenbruststreifen darin etwa 20 Minuten marinieren
800 g Blumenkohl, vorbereitet	von Blättern und schlechten Stellen befreien, sorgfältig waschen Freiland-Blumenkohl 10 Minuten in kaltes Salzwasser legen, um evtl. vorhandene Insekten oder Raupen zu entfernen den Blumenkohl in Röschen teilen, in Salzwasser garen Wasser zum Kochen bringen
60 g Grünkern	hineingeben, in etwa 20 Minuten ausquellen lassen, mit Sojasauce abschmecken
50 g (1) Zwiebel, vorbereitet	Zwiebel abziehen, fein würfeln, in

15 g (1 Eßl.) Pflanzenöl	glasig dünsten, das marinierte Fleisch hinzufügen, anbraten
	den Blumenkohl mit dem Fleisch vermengen
etwa 120 ml Wasser	auffüllen, einreduzieren, abschmecken, zum Grünkern servieren.

Putengeschnetzeltes

400 g Putenschnitzel	evtl. unter fließendem kaltem Wasser abspülen, trockentupfen, in feine Streifen schneiden
15 g (1 gestr. Eßl.) Pflanzenöl	erhitzen, die Fleischstreifen darin anbraten
½ Stange Porree (Lauch, 100 g), vorbereitet	putzen, waschen, kleinschneiden
50 g (1) Zwiebel, vorbereitet	abziehen, fein würfeln
230 g Champignons (aus der Dose)	abtropfen lassen, die Flüssigkeit auffangen, mit Porree und Zwiebel zu dem Putenfleisch geben etwas von dem Pilzwasser dazugeben, mit
Meersalz Pfeffer	würzen, in etwa 15 Minuten gar schmoren lassen, zuletzt
2 Eßl. (30 g) saure Sahne (24 % F.) oder Kondensmilch (10 % F.)	unterrühren.

Rehmedaillons mit Melonenspalten

480 g Rehrückenfilet	in Medaillons à etwa 60 g schneiden, etwas flachdrücken, von beiden Seiten mit
Salz frisch gemahlenem Pfeffer	würzen
½ Ogenmelone	halbieren, schälen, entkernen, das Fruchtfleisch in Spalten schneiden

1 kleine Birne (z. B. Williams Christ)	schälen, vierteln, entkernen, das Fruchtfleisch in feine Spalten schneiden
200 g Pfifferlinge	putzen, abreiben
1 Zwiebel	abziehen, würfeln
40 g Butter	zerlassen, Zwiebel und Pfifferlinge darin andünsten, herausnehmen, warmstellen, Melonen- und Birnenspalten in der Pfanne andünsten, herausnehmen, warmstellen, das Bratenfett abgießen
3 Eßl. Speiseöl	erhitzen, die Medaillons darin kurz von beiden Seiten anbraten, die Medaillons auf vier Tellern anrichten, mit Pilzen und Zwiebeln bedecken, Melone und Birnenspalten dazu servieren.
Tip:	Als Beilage gebackene Kartoffeln oder Kroketten reichen.

Rehsteaks mit Champignons

250 g Champignons	putzen, waschen, in Scheiben schneiden
40 g Butter oder Margarine	zerlassen, die Champignons darin gar dünsten, mit
Salz Pfeffer	würzen
gehackte Petersilie	unterrühren, warm stellen
4 Scheiben Rehfleisch (je etwa 125 g, aus der Keule)	unter fließendem kaltem Wasser abspülen, trockentupfen, etwas zusammendrücken, dünn mit
Olivenöl	bestreichen, auf den heißen Grillrost legen, unter den vorgeheizten Grill schieben, zunächst von der einen, dann von der anderen Seite grillen, die Steaks nach dem Grillen mit Salz, Pfeffer bestreuen, mit den Champignons anrichten
Dünstzeit für die Champignons:	Etwa 8 Minuten
Grillzeit:	
Strom:	Jede Seite 5 – 6 Minuten
Gas:	1. Seite 3 – 5 Minuten, 2. Seite 2 – 3 Minuten.
Beilage:	Röstkartoffeln.

Wildschwein-Rücken

1 kg Wildschweinrücken	häuten, unter fließendem kaltem Wasser abspülen, trockentupfen, die Schwarte gitterförmig einschneiden das Fleisch mit
Meersalz **Pfeffer** **1 Eßl. Kräuter der Provence** **5 g (1 Teel.) Pflanzenöl**	einreiben mit der Fettschicht nach oben auf dem Rost in eine Rostbratpfanne legen (Strom: etwa 200 °C/ Gas: etwa 3) sobald der Bratensatz bräunt, etwas von
250 ml (¼ l) Fleischbrühe	hinzugießen, das Fleisch ab und zu mit dem Bratensatz begießen, verdampfte Flüssigkeit nach und nach ersetzen etwa 1 Stunde braten lassen
½ Bund Suppengrün	putzen, waschen, kleinschneiden
25 g (½) Zwiebel, vorbereitet	abziehen, mit Suppengrün,
Gewürznelken **2 Lorbeerblättern** **3 – 5 Pfefferkörnern**	zu dem Fleisch geben, etwa 30 Minuten miterhitzen lassen das sich evtl. sammelnde Fett abschöpfen das gare Fleisch in Scheiben schneiden.

Wildschweinbraten

1 kg Wildschweinfleisch (ohne Knochen, aus der Keule)	unter fließendem kaltem Wasser abspülen, trockentupfen, mit Küchengarn zusammenbinden, über Nacht in
1 l Buttermilch	legen, trockentupfen, mit

Salz	
geschnittenem	
Rosmarin	einreiben
2 Eßl. Speiseöl	erhitzen, das Fleisch darin von allen Seiten gut anbraten
125 ml (⅛ l)	
heißes Wasser	hinzufügen, das Fleisch schmoren lassen, von Zeit zu Zeit wenden, verdampfte Flüssigkeit nach und nach durch heißes Wasser ersetzen
250 g Suppengrün	putzen, waschen, kleinschneiden, 30 Minuten vor Ende der Schmorzeit hinzufügen, mitschmoren lassen das gare Fleisch (Garn entfernen) vor dem Schneiden 10 Minuten „ruhen“ lassen, damit sich der Fleischsaft setzt, das Fleisch in Scheiben schneiden, auf einer vorgewärmten Platte anrichten.
	Für die Sauce den Bratensatz mit
125 ml (⅛ l) Rotwein	loskochen, pürieren, durch ein Sieb passieren
125 g Champignons	putzen, mit Küchenpapier abreiben, in Scheiben schneiden, kurz in der Sauce gar ziehen lassen, die Sauce mit Salz, Rosmarin,
frisch gemahlenem	
Pfeffer	würzen
Schmorzeit:	etwa 2 Stunden.
Beilage:	Rosenkohl, Salzkartoffeln.

Vegetarische Hauptgerichte

Apfel-Auflauf

500 g Äpfel	schälen, vierteln, entkernen, in Scheiben schneiden
2 Eier	mit
125 g Zucker	schaumig schlagen
1 Päckchen Vanillin-Zucker	hinzufügen
125 g Weizenmehl	
6 g (2 gestrichene Teel.) Backpulver	mischen, sieben, unterrühren, den Teig abwechselnd lagenweise mit den Apfelscheiben in eine gefettete Auflaufform schichten, die oberste Schicht soll aus Teig bestehen, die Auflaufform auf dem Rost in den vorgeheizten Backofen schieben
Strom:	175 – 200 °C
Gas:	2 – 3
Backzeit:	Etwa 30 Minuten.
Beigabe:	Vanille-Soße.

Birnenauflauf mit Schneehaube

250 ml (¼ l) Milch	erhitzen
9 Zwiebäcke (etwa 100 g)	auf eine Platte legen, mit der Milch übergießen, kurz einweichen lassen
800 g Birnenkompott	abtropfen lassen, in eine gefettete Auflaufform geben, die Zwiebäcke dicht nebeneinander darauf legen. Einen Pudding bereiten aus
500 ml (½ l) Milch	
1 Päckchen Pudding-Pulver Vanille-Geschmack	
50 g Zucker	
2 Eigelb	den Pudding auf die Zwiebäcke geben
2 Eiweiß	steif schlagen, mit
2 gestrichenen Teel. Zucker	süßen, gleichmäßig auf den Pudding streichen oder spritzen, die Form auf dem Rost in den Backofen schieben

(Fortsetzung auf Seite 121)

Ober-/Unterhitze:	170 – 200 °C (vorgeheizt)
Heißluft:	150 – 180 °C (nicht vorgeheizt)
Gas:	Stufe 2 – 3 (nicht vorgeheizt)
Backzeit:	15 – 20 Minuten.
Tip:	Für den Auflauf können beliebige Reste von gedünstetem Obst, auch Obst aus dem Glas oder aus der Dose verwendet werden.

Buntes Paprikagemüse in der Kartoffelbordüre

2 rote, 2 grüne und 2 gelbe Paprikaschoten	halbieren, entstielen, entkernen, die weißen Scheidewände entfernen, die Schoten waschen, in grobe Würfel oder Streifen schneiden
4 Frühlingszwiebeln	putzen, in nicht zu dünne Scheiben schneiden
1 kleines Bund Majoran	abspülen, grob hacken
2 Eßl. Pflanzenöl	erhitzen, Paprikawürfel in das heiße Öl geben, andünsten, mit
Salz	
frisch gemahlenem Pfeffer	
Paprika edelsüß	würzen, mit
125 ml (⅛ l) Gemüsebrühe	ablöschen, das Gemüse in etwa 10 Minuten knackig gar dünsten, 2 Minuten vor Beendigung der Garzeit Frühlingszwiebeln und Majoran dazugeben, fertig garen.
	Für die Kartoffelbordüre
1 kg geschälte Kartoffeln	in Salzwasser in 20 – 25 Minuten gar kochen, mit
250 ml (¼ l) Milch	
75 g Butter	mit einem Pürierstab oder einem Kartoffelstampfer zu einem festen Püree verarbeiten, mit Salz,
geriebener Muskatnuß	abschmecken, das Püree in einen Spritzbeutel mit gezackter Tülle füllen, in eine große Auflaufform einen Kranz spritzen
1 Ei	mit

2 Eßl. Milch	verquirlen, den Kranz damit bestreichen, auf dem Rost in den Backofen schieben, leicht anbräunen lassen
Ober-/Unterhitze:	etwa 220 °C (vorgeheizt)
Heißluft:	etwa 200 °C (nicht vorgeheizt)
Gas:	Stufe 4 – 5 (vorgeheizt)
Backzeit:	etwa 10 Minuten, das Paprikagemüse nochmals erhitzen, in der Kartoffelbordüre anrichten

Feine Gemüserouladen

Je 150 g feine Möhren-, Sellerie- und Bohnenwürfel	
150 g Lauchstreifen	
120 g Tomatenwürfel	
3 Eßl. Olivenöl	erhitzen, das Gemüse darin andünsten, bis es Farbe angenommen hat, mit
2 Eßl. Tomatenmark	
Knoblauchpulver	
Salz	
buntem Pfeffer	
frischem Thymian	würzen, etwas von
250 ml (¼ l) Gemüsebrühe	dazugießen, in etwa 5 Minuten gar dünsten lassen
1 l Salzwasser	zum Kochen bringen
16 große Blätter Römischen Salat	einzeln nur kurz blanchieren, damit sie weich werden, die Blätter in kaltem Wasser abschrecken, abtropfen lassen, auf einem Küchentuch ausbreiten, mit den Gemüsewürfeln füllen, zu einer Roulade zusammenrollen, mit Küchengarn umwickeln, in einen flachen Topf setzen, restliche Gemüsebrühe hinzugießen, in etwa 10 Minuten zu Ende garen.
Tip:	Als Beilage eignet sich Langkornreis mit Tomaten und Basilikum oder kleine, in Butter geschwenkte Kartoffeln.

Muskat	würzen
	zum Kochen bringen
	zugedeckt bei schwacher Hitze 15 – 20 Minuten dünsten lassen, evtl. etwas Wasser dazugießen, evtl. mit
wenig Salz	abschmecken

Gemüse-Spezialität

(Foto Seite 117)

200 g Auberginen, vorbereitet	
200 g Zucchini, vorbereitet	waschen, Stengelansätze und evtl. vorhandene braune Stellen abschneiden, würfeln
200 g Paprikaschoten, vorbereitet (rot und grün)	unter fließendem kaltem Wasser abspülen, trockentupfen, halbieren, die weißen Scheidewände entfernen, in feine Streifen schneiden
400 g Tomaten, vorbereitet	an der Oberseite einritzen, kurze Zeit in kochendes Wasser legen (nicht kochen lassen), in kaltem Wasser abschrecken, Stengelansätze herausschneiden Tomaten enthäuten, achteln
400 g Gurke, vorbereitet	schälen, entkernen, in Scheiben schneiden
50 g (1) Zwiebel	abziehen, würfeln
10 g (2 Teel.) Pflanzenöl	in einem Topf erhitzen, das Gemüse hinzufügen
Basilikum	zu einem Strauß zusammenbinden, hineinlegen, im geschlossenen Topf etwa 15 Minuten dünsten, mit
Meersalz	würzen, mit
Petersilie	bestreuen.

Grünkern-Gemüse-Gericht

100 g (2) Zwiebeln	abziehen, fein würfeln
	die Hälfte der Zwiebelwürfel in
15 g (1 Eßl.) Speiseöl	erhitzen, goldgelb rösten
120 g Grünkern	dazugeben, kurz rösten, mit

250 ml salzloser Brühe	aufgießen, mit
1 Eßl. Majoran, gerebelt	
1 Teel. Paprika oder Curry	
Pfeffer	würzen, bei geringer Energiezufuhr ca. 20 Minuten ausquellen lassen
400 g Möhren, vorbereitet	putzen, waschen, in Würfel oder Streifen schneiden, von
400 g Wirsing, vorbereitet	welke, fleckige Blätter entfernen, unter fließendem Wasser mehrmals waschen, in Streifen schneiden restliche Zwiebelwürfel in dem heißen Speiseöl dünsten, Gemüse und
Muskat, Kümmel	dazugeben, zugedeckt bei geringer Energiezufuhr etwa 20 Minuten dünsten, nur bei Bedarf etwas Brühe zugeben
150 g (1 Becher) Joghurt (1,5 % F.)	und die Hälfte von
70 g geriebenem Minell-Käse (30 % F.i.Tr.)	unter den etwas abgekühlten Grünkern rühren, abschmecken flache, feuerfeste Form einfetten, das gegarte Gemüse hineinfüllen, den Grünkern darüber verteilen mit dem restlichen Käse und
20 g grob geriebenen Haselnüssen	bestreuen, im vorgeheizten Backofen (Strom: etwa 200 °C/Gas: etwa Stufe 3) etwa 15 Minuten überbacken.

Grünkern-Küchle mit Sojabohnen-Sprossen-Salat

(2 Portionen; Foto Seite 118)

100 g Porree (Lauch), vorbereitet	putzen, der Länge nach halbieren, sorgfältig waschen, in feine Streifen schneiden
100 g Möhren, vorbereitet	schälen

100 g Sellerieknolle, vorbereitet schälen
beide Zutaten waschen, grob oder fein raspeln
1 kleine Zwiebel abziehen, halbieren, in feine Würfel schneiden, in
5 g (1 Teel.) Pflanzenöl erhitzen, goldgelb rösten
Gemüse unterrühren,
kurz andünsten
1 Teel. Grünkern-schrot einrühren
250 ml (¼ l) Wasser
Muskat
Majoran, gerebelt
Pfeffer
wenig Salz hinzufügen, bei schwacher Hitze 12 – 15 Minuten garen lassen
2 Eßl. gehackte glatte Petersilie und
50 g (1 Eßl.) Magerquark unter die etwas abgekühlte Masse rühren, kräftig abschmecken, aus der Masse mit nassen Händen 6 – 8 Küchle formen, in
15 g (1 Eßl.) Pflanzenöl erhitzen, bei nicht zu starker Hitze knusprig backen.

Kirschmichel

9 Zwiebäcke (etwa 100 g) in kleine Stücke schneiden, mit
150 ml lauwarmer Milch übergießen, einziehen lassen
Sauerkirschen (aus dem Glas, Abtropfgewicht 740 g) zum Abtropfen auf ein Sieb geben
3 Eigelb mit
125 g Zucker
1 Päckchen Vanillin-Zucker schaumig schlagen
500 g Magerquark
2 Eßl. Zitronensaft unterrühren, die eingeweichten Zwiebäcke mit Handrührgerät mit Rührbesen gut durchrühren, die Quarkmasse unterrühren

3 Eiweiß	steif schlagen, unterziehen die Hälfte der Masse in eine gefettete Auflaufform geben, die Hälfte der Kirschen darauf verteilen, die übrige Quarkmasse und Kirschen darauf geben, mit
30 g abgezogenen, gehobelten Mandeln	bestreuen, die Form auf dem Rost in den Backofen schieben
Ober-/Unterhitze:	170 – 200 °C (vorgeheizt)
Heißluft:	150 – 180 °C (nicht vorgeheizt)
Gas:	Stufe 3 – 4 (nicht vorgeheizt)
Backzeit:	30 – 40 Minuten; kurz vor dem Servieren mit
Puderzucker	bestäuben.
Beilage:	Kirschsauce: Dafür 20 g Speisestärke Gustin und 20 g Zucker mit 375 ml (3/8 l) Kirschsaft anrühren, zum Kochen bringen, kurz aufkochen lassen, mit etwa 2 Eßlöffel Kirschwasser abschmecken.

Mexikanischer Reis

(Foto Seite 119)

2 l Salzwasser	zum Kochen bringen
250 g Langkornreis (parboiled)	hineingeben, umrühren, zum Kochen bringen, sprudelnd kochen lassen, den garen Reis auf ein Sieb geben, mit kaltem Wasser übergießen, gut abtropfen lassen
1 Zwiebel	abziehen, fein würfeln
2 Eßl. Butter oder Margarine	zerlassen, die Zwiebel darin hellgelb dünsten
1 Paprikaschote (etwa 250 g)	halbieren, entstielen, entkernen, die weißen Scheidewände entfernen, die Schote waschen, in Würfel schneiden, zu den Zwiebelwürfeln geben, mit
Salz frisch gemahlenem Pfeffer	würzen, abgedeckt noch etwa 10 Minuten garen
ca. 135 g Gemüsemais (aus der Dose)	hinzufügen, verrühren, etwa 5 Minuten erhitzen, evtl. nochmals mit Salz, Pfeffer abschmecken, mit Reis vermengen.

Pikanter Kuchen

(12 Stücke)

	Für den Teig
40 g Frisch-Hefe	in
250 ml (¼ l) lauwarmem Wasser	auflösen
500 g Weizen, sehr fein gemahlen	
1 Teel. Thymian, gerebelt	
wenig Salz	und
60 ml (4 Eßl.) Pflanzenöl	hinzufügen
	die Zutaten mit dem Handrührgerät mit Knethaken zuerst auf niedrigster, dann auf höchster Stufe in etwa 5 Minuten zu einem glatten Teig verarbeiten. Den Teig zugedeckt an einem warmen Ort so lange gehen lassen, bis er sich sichtbar vergrößert hat.
	Für den Belag
800 g Fleischtomaten	an der Oberseite einritzen, kurze Zeit in kochendes Wasser legen (nicht kochen lassen), in kaltem Wasser abschrecken
	die Stengelansätze herausschneiden, die Tomaten enthäuten, in Scheiben schneiden
150 g Staudensellerie, vorbereitet	putzen, waschen, in feine Scheiben schneiden
200 g Zwiebeln, vorbereitet	abziehen, halbieren, in Würfel schneiden, in
5 g (1 Teel.) Pflanzenöl	erhitzen, glasig dünsten lassen
	Staudensellerie und
1 Teel. Kräuter der Provence	untermischen
	bei schwacher Hitze etwa 3 – 4 Minuten dünsten lassen
	das etwas abgekühlte Zwiebel-Stauden-Sellerie-Gemüse mit den Tomaten vermischen, mit
etwa 1 Eßl. zerdrückten, grünen Pfefferkörnern	und
wenig Salz	abschmecken

den gegangenen Teig auf einer bemehlten Arbeitsfläche nochmals gut durchkneten, auf einem gefetteten Backblech ausrollen
vor den Teig einen mehrfach umgeknickten Streifen Alufolie legen
die Gemüsemasse gleichmäßig darauf verteilen

150 g geriebenen Emmentaler Käse (45 % F.i.Tr.) darüber streuen
im vorgeheizten Backofen
(Strom: etwa 200 °C/Gas: etwa 3) 30 – 35 Minuten backen.

Ratatouille aus dem Römertopf

(Foto Seite 120)

350 g Auberginen, vorbereitet waschen, trockentupfen, die Stengelansätze entfernen von

350 g Zucchini, vorbereitet die Enden abschneiden, die Zucchini waschen, trockentupfen

500 g Tomaten, vorbereitet waschen, halbieren und in Scheiben schneiden, mit

Salz
Pfeffer
Rosmarin
Thymian bestreuen
die restlichen Tomaten an der Oberseite einritzen, kurze Zeit in kochendes Wasser legen (nicht kochen lassen),
in kaltem Wasser abschrecken, die Tomaten enthäuten,
die Stengelansätze herausschneiden, die Tomaten in kleine Würfel schneiden

1 Zwiebel abziehen, halbieren, in feine Würfel schneiden, in

15 g (1 Eßl.) Pflanzenöl glasig dünsten lassen
das Gemüse hinzufügen, kurz andünsten

2 Knoblauchzehen abziehen, durch eine Knoblauchpresse drücken oder in feine Scheiben schneiden, mit

wenig Salz	bestreuen, mit der Messerklinge fein zerdrücken das Gemüse mit Knoblauch, Rosmarin, Thymian und Pfeffer kräftig würzen, in den Tontopf schichten, die Tomatenscheiben und
100 g schwarze Oliven	einschichten, alles mit
40 g Pinienkernen	bestreuen auf dem Rost im vorgeheizten Backofen (Strom: etwa 200 °C/Gas: etwa 3) 35 – 40 Minuten schmoren lassen
1 Bund Zitronenmelisse	abspülen, trockentupfen die Blättchen von den Stengeln zupfen, unter das Gemüse mischen, mit einem Rest garnieren, evtl. mit
wenig Salz	abschmecken.

Selleriescheiben mit Mützchen

500 g Sellerieknolle, vorbereitet	putzen, schälen, waschen, in etwa 1 ½ cm dicke Scheiben schneiden, in
15 g (1 Eßl.) Pflanzenöl	andünsten, bei schwacher Hitze 15 Minuten gardünsten lassen, evtl. etwas Wasser dazugießen eine flache, breite, feuerfeste Form mit
5 g (1 gestr. Teel.) Pflanzenmargarine	ausfetten die Selleriescheiben nebeneinander hineinlegen
1 kleine Zwiebel	abziehen, halbieren,in feine Würfel schneiden
100 g geriebenen Edamer Käse (30 % F.i.Tr.)	und
2 Eßl. Kondensmilch (7,5 % F.)	vermischen, mit
Pfeffer Paprika, edelsüß Muskat wenig Salz	abschmecken die Käsemasse auf den Selleriescheiben verstreichen. auf dem Rost im vorgeheizten Backofen oder unter dem vorgeheizten Grill überbacken, bis der Käse goldbraune Spitzen bekommt.

Vegetarischer Eintopf

375 g Möhren	putzen, schälen
375 g Kartoffeln	schälen, beide Zutaten waschen, in Würfel schneiden von
375 g Grünen Bohnen	die Enden abschneiden, die Bohnen evtl. abfädeln, waschen, in Stücke brechen oder schneiden
250 g Tomaten	kurze Zeit in kochendes Wasser legen, in kaltem Wasser abschrecken, enthäuten, vierteln, die Stengelansätze herausschneiden
250 g Blumenkohl	putzen, waschen, in Röschen teilen
2 mittelgroße Zwiebeln	abziehen, würfeln
50 g Margarine	zerlassen, Zwiebeln, Kartoffeln und Bohnen etwa 5 Minuten unter Wenden darin andünsten, mit
Salz frisch gemahlenem Pfeffer 2 gestrichenen Eßl. Tartex mit Kräutern (vegetabile Paste) 1 Teel. gehackten Basilikumblättchen	würzen
500 ml (½ l) Gemüsebrühe	hinzugießen, etwa 15 Minuten dünsten lassen, nach etwa 20 Minuten Dünstzeit Tomaten, Möhren, Blumenkohl hinzufügen, etwa 15 Minuten garen lassen, den Eintopf mit Salz, Pfeffer abschmecken, mit
2 Eßl. gehackter Petersilie	bestreuen.
Garzeit:	etwa 30 Minuten.

Beilagen und Gemüse

Apfel-Sauerkraut ✓

4 mittelgroße Zwiebeln abziehen, würfeln
3 Eßl. Speiseöl im Schnellkochtopf erhitzen, die Zwiebelwürfel darin andünsten
500 g Sauerkraut lockerzupfen, mit
125 ml (⅛ l) Wasser zu den Zwiebelwürfeln geben
500 g Äpfel schälen, vierteln, entkernen, in Scheiben schneiden, auf das Sauerkraut geben
1 Lorbeerblatt
4 Wacholderbeeren
6 Pfefferkörner hinzufügen, mit
Salz würzen, den Schnellkochtopf schließen, den Kochregler erst dann auf Stufe II schieben, wenn reichlich Dampf entwichen ist (nach etwa 1 Minute) nach Erscheinen des 2. Ringes das Apfel-Sauerkraut 3 – 4 Minuten garen lassen, den Topf von der Kochstelle nehmen, den Kochregler langsam stufenweise zurückziehen und den Topf öffnen, das Apfel-Sauerkraut mit Salz,
Zucker
frisch gemahlenem Pfeffer abschmecken
Empfehlung: 2,6-l-Schnellkochtopf.

Bouillonerbsen mit Gurken

(Foto Seite 137)

1 kg frische grüne Erbsen in der Schote auspalen
oder 300 g Tiefkühl-Erbsen
oder Markerbsen extrafein aus der Dose
125 ml (⅛ l) Bouillon zum Kochen bringen, Erbsen etwa 30 Minuten dazugaren

(Fortsetzung auf Seite 141)

Bouillonerbsen, Rezept Seite 136

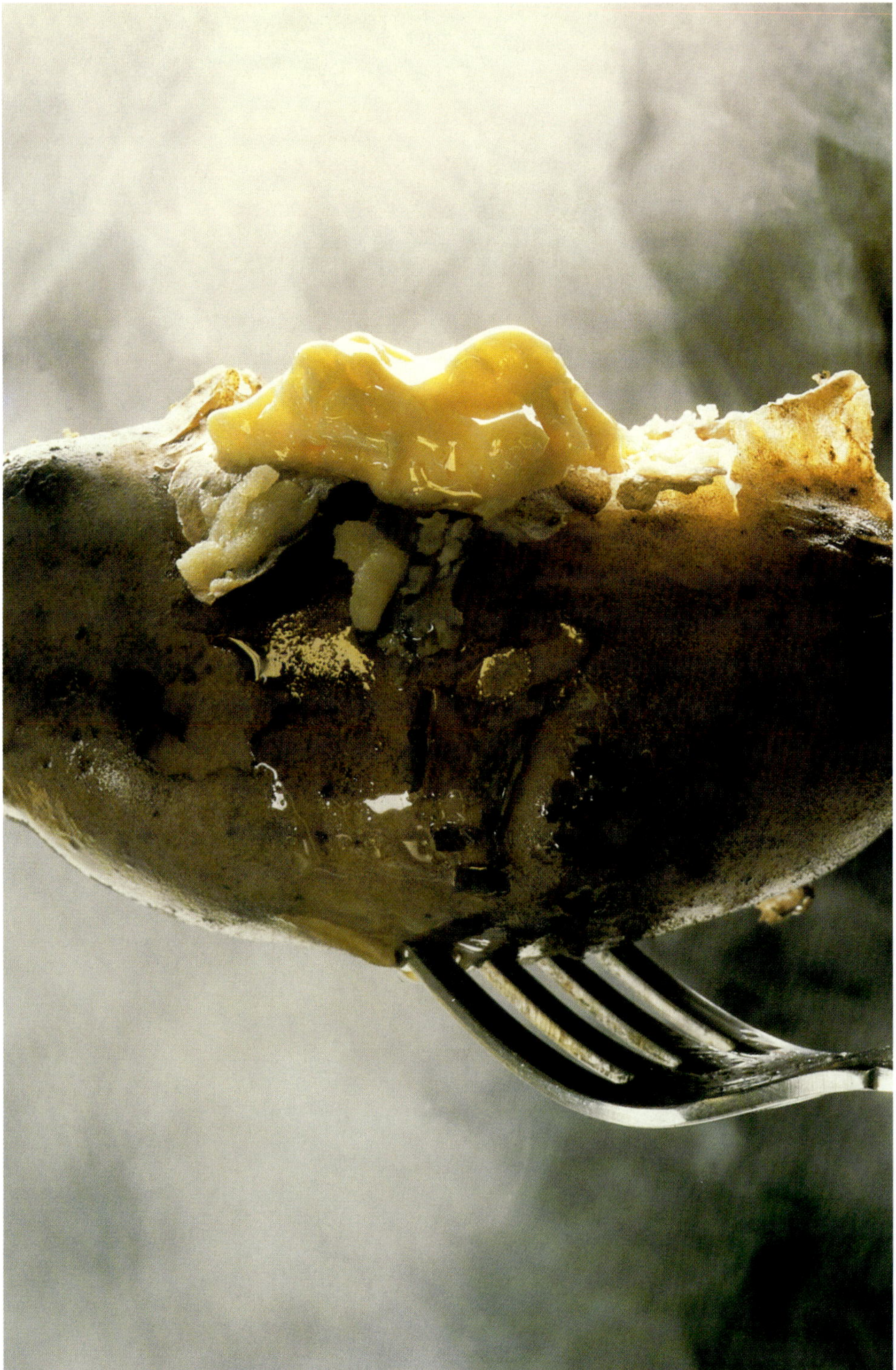

Folien-Kartoffeln, Rezept Seite 142

Frühlingspüree, Rezept Seite 143

Risotto, Rezept Seite 155

1 Salatgurke (etwa 400 g)	schälen, in 1 cm große Würfel schneiden, nach der Hälfte der Garzeit zu den Erbsen geben
40 g Butter	und 1 Eßlöffel von
2 – 3 Stengeln gehackterMinze Salz Pfeffer	hinzufügen, nur noch leicht köcheln lassen, zum Schluß bei geöffnetem Deckel soviel Flüssigkeit verdampfen lassen, daß noch etwa 100 ml Sauce übrig bleibt mit
1 – 2 Teel. hellem Saucenbinder	verrühren, aufkochen, abschmecken und mit einigen Minzblättern bestreuen als Beilage zu saucenarmen Fisch- und Fleischgerichten.

Curryreis

1 mittelgroße Zwiebel	abziehen, fein würfeln, in
20 g Butter oder Margarine	glasig dünsten
200 g Langkornreis	hinzufügen, hellgelb anrösten
500 ml (½ l) Fleischbrühe	hinzugießen, zum Kochen bringen, etwa 20 Minuten garen lassen, mit
Salz Currypulver	abschmecken.
Tip:	Kräuterreis zubereiten. Anstatt Currypulver 3 Eßl. gehackte Kräuter oder gehacktes Basilikum nehmen.

Fenchel mit wildem Reis

4 kleine Fenchel-knollen	putzen, Knollen in Salzwasser etwa 20 Minuten garen
Salz	
100 g wilden Reis	in kochendes Salzwasser geben, nach 10 Minuten
100 g Langkornreis	dazugeben und noch 20 Minuten kochen, Reis abtropfen lassen Fenchel halbieren, aushöhlen, das Innere würfeln
1 Schalotte	schälen,würfeln
40 g Butter	zerlassen, Schalotte mit dem Fenchelfleisch andünsten, Reis dazugeben, mit
2 cl Sherry,	Salz,
Pfeffer	und Fenchelgrün würzen und in die Hälften füllen.

Folien-Kartoffeln

(1 Portion; Foto Seite 138)

2 – 3 Kartoffeln, mehlig (etwa 150 g)	waschen, an der Oberseite etwa ½ cm tief einkerben
Meersalz	
Pfeffer	
Kümmel	in den Einschnitt streuen, einzeln in
Alufolie	verpacken im vorgeheizten Backofen (Strom: etwa 230 °C/ Gas: 4 – 5) etwa 40 Minuten backen vor dem Servieren die Alufolie öffnen, evtl.
5 g (1 Teel.) Crème fraîche (30 % F.)	darauf geben.

Frühlingspüree

(2 Portionen; Foto Seite 139)

	Aus
500 g mehlig-kochenden Kartoffeln, vorbereitet	Pellkartoffeln zubereiten, die Schale abziehen, durch eine Presse drücken
100 ml Milch (3,5 % F.)	erhitzen, unterrühren
150 g tiefgefrorene Erbsen	in wenig Wasser auftauen und garen, unter das Püree rühren, mit
Muskat Pfeffer	abschmecken
½ Bund Kerbel	abspülen, trockentupfen, Blättchen von den Stengeln zupfen, feinschneiden, zusammen mit
10 g (2 gestr. Teel.) Pflanzenmargarine	vor dem Servieren unterheben.

Gegrillte Tomaten

6 mittelgroße Tomaten	waschen, waagerecht halbieren, die Stengelansätze herausschneiden, die Tomaten mit der Schnittfläche nach oben in eine gefettete Auflaufform geben, mit
Salz frisch gemahlenem Pfeffer Kräutern der Provence	bestreuen
2 Knoblauchzehen	abziehen, durch die Knoblauchpresse drücken, auf den Tomaten verteilen
25 g Butter	in Flöckchen darauf setzen, mit
30 g geraspeltem Gouda (mittelalt)	bestreuen, die Form auf dem Rost unter den vorgeheizten Grill schieben
Grillzeit:	etwa 10 Minuten.

Gratinierte Kartoffeln

750 g mehlig-kochende Kartoffeln, vorbereitet	schälen, waschen, in sehr dünne Scheiben schneiden oder grob raffeln eine feuerfeste flache Form mit
10 g (2 gestr. Teel.) Pflanzenmargarine	ausfetten, die Kartoffeln mit
Muskat Pfeffer wenig Salz	würzen, zusammen mit
50 g geriebenem Edamer Käse (30 % F.i.Tr.)	in die Form schichten
125 ml (⅛ l) heiße Milch (1,5 % F.)	über die Kartoffeln gießen auf dem Rost im vorgeheizten Backofen (Strom: etwa 200 °C/Gas: etwa 3) 40 Minuten backen.

Hirse-Taler

(2 Portionen)

50 g (1) Zwiebel	abziehen, feinwürfeln, in
5 g (1 Teel.) Speiseöl	glasig dünsten lassen
50 g Hirseflocken	hinzufügen
125 ml (⅛ l) Milch (3,5 % F.)	dazugießen, mit
Muskat Cayennepfeffer	würzen das Ganze unter Rühren zum Kochen bringen, bis die Flocken die Milch vollkommen aufgesogen haben. Den Hirsebrei in ein Gefäß umfüllen, etwas abkühlen lassen
½ Bund glatte Petersilie	abspülen, trockentupfen, die Blättchen von den Stengeln zupfen, feinhacken Petersilie und

25 g (1 Teel.) Magerquark (10 % F.)	untermischen, mit Muskat und Pfeffer abschmecken
	aus der Masse 8 – 10 kleine Taler formen (zuerst kleine Kugeln formen, diese dann flachdrücken)
	die Taler in
15 g (1 Eßl.) Speiseöl	bei mittlerer Hitze knusprig braten.

Indonesisches Reisgericht

(2 Portionen)

1 l Wasser	zum Kochen bringen
50 g (1) Zwiebel	abziehen, mit
1 Nelke	und
1 Lorbeerblatt	spicken
	gespickte Zwiebel sowie
5 g (1 Teel.) Speiseöl	in das Wasser geben
1 – 2 Salbeiblätter	abspülen, trockentupfen, die Blättchen von den Stengeln zupfen, dazugeben
100 g Naturreis	einstreuen, etwa 30 Minuten bei geringer Hitze bißfest garen
	Reis in ein Sieb schütten, kurz mit kaltem Wasser überbrausen
	Zwiebel und Salbeiblätter entfernen
200 g Porree (Lauch) vorbereitet	putzen, längs halbieren, gründlich unter fließendem, kaltem Wasser waschen, abgetropft in etwa 1 cm breite Stücke schneiden
50 g (1) Zwiebel	abziehen, fein würfeln
15 g (1 Eßl.) Speiseöl	erhitzen, Zwiebelwürfel darin glasig dünsten
20 g Walnußkerne	hacken, zusammen mit dem Lauch zugeben, mit
Curry	
Pfeffer	würzen
	zugedeckt bei geringer Hitze 3 – 4 Minuten dünsten
20 g Rosinen, unbehandelt	Reis und
15 ml (1 Eßl.) Sojasauce	untermischen.

Kartoffel-Gemüse

200 g Lauch (Porree, vorbereitet)	putzen, der Länge nach halbieren, sorgfältig waschen, abtropfen lassen
200 g Möhren, vorbereitet **200 g Sellerieknolle, vorbereitet** **750 g Kartoffeln, vorbereitet**	schälen die 3 Zutaten waschen Möhren und Sellerieknolle in dünne Scheiben schneiden, den Lauch in Stücke und die Kartoffeln in gleich große Würfel schneiden
250 ml (¼ l) Wasser	dazugießen
3 – 4 Liebstöckelblätter **1 Eßl. Majoran, gerebelt** **Muskat** **Pfeffer**	hinzufügen zum Kochen bringen, bei schwacher Hitze 15 – 20 Minuten garen
4 Eßl. gehackte, glatte Petersilie (oder einige Liebstöckelblätter) **100 g saure Sahne (10 % F.)**	unter das Kartoffel-Gemüse rühren, mit
etwas Weinessig **wenig Salz**	abschmecken.

Kartoffel-Käse-Gratin

(2 Portionen)

500 g Kartoffeln,	
vorbereitet	waschen, schälen, in feine Scheiben schneiden oder hobeln
	flache, feuerfeste Form mit
5 g (1 gestr. Teel.)	
Pflanzenmargarine	einfetten
	Kartoffelscheiben einschichten, mit
Muskat	
Pfeffer	würzen
	etwa ⅓ von
125 ml (⅛ l)	
Milch (3,5 % F.)	darübergießen
	Form auf dem Rost in den vorgeheizten Backofen stellen
	(Strom: etwa 200 °C/Gas: etwa Stufe 3),
	Kartoffeln 35 – 40 Minuten backen
	nach und nach die restliche Milch zugeben
½ Bund Schnittlauch	abspülen, trockentupfen, feinschneiden, mit
30 g geriebenem	
Uniekaas light-Käse	
(30 % F.i.Tr.)	vermengen, 2 – 3 Minuten vor dem Servieren über den Kartoffeln verteilen und zerlaufen lassen.

Kartoffelklöße

750 g Kartoffeln	waschen, in Wasser zum Kochen bringen, gar kochen lassen, abgießen, pellen, sofort durch die Kartoffelpresse geben, bis zum nächsten Tag kalt stellen
50 g Semmelbrösel	
20 g Weizenmehl	
2 Eier	unterkneten, den Teig mit
Salz	
geriebener Muskatnuß	würzen, aus dem Teig mit bemehlten Händen 12 Klöße formen, in

kochendes Salzwasser	geben, zum Kochen bringen, gar ziehen lassen (Wasser muß sich leicht bewegen) die garen Klöße gut abtropfen lassen
Kochzeit für die Kartoffeln:	etwa 25 Minuten
Garzeit für die Klöße:	20 – 25 Minuten.
Tip:	Kartoffelklöße zu Sauerbraten oder Schweinebraten, Rotkohl oder Broccoli reichen

Kartoffelsalat, pikant

(Für 4 – 6 Personen)

1 kg Salzkartoffeln	waschen, mit Wasser zum Kochen bringen, gar kochen lassen, pellen, in Scheiben schneiden, erkalten lassen
125 ml (⅛ l) Wasser	mit
125 ml (⅛ l) Essig Salz Pfeffer 1 Eßl. Zucker 2 abgezogenen, gewürfelten Zwiebeln	zum Kochen bringen, kurz aufkochen lassen, über die Kartoffelscheiben gießen, gut durchziehen lassen
1 – 2 Gewürzgurken	längs halbieren, in Scheiben schneiden
2 – 3 Äpfel	waschen, vierteln, entkernen, in kleine Scheiben schneiden
2 hartgekochte Eier	pellen, in Scheiben schneiden
8 Eßl. Salatöl	mit den drei Zutaten zu den Kartoffeln geben
1 – 2 Eßl. feingeschnittenen Schnittlauch	hinzufügen, die Zutaten miteinander vermengen, durchziehen lassen, evtl. nochmals mit Salz, Pfeffer abschmecken.

Kartoffel-Sellerie-Gratin

250 g Sellerie	schälen, putzen, waschen, in Scheiben schneiden
400 g rohe, geschälte festkochende Kartoffeln	in dünne Scheiben schneiden (Gemüsehobel) und etwa 30 Minuten wässern, damit der Stärkeanteil vermindert wird, eine große, flache, feuerfeste Form mit
Olivenöl	ausfetten, Kartoffel- und Selleriescheiben fächerförmig einschichten, mit
125 ml (⅛ l) Fleischbrühe	begießen, mit
Salz	
frisch gemahlenem Pfeffer	
gerebeltem Thymian	bestreuen, mit
75 ml Olivenöl	beträufeln, auf dem Rost in den Backofen schieben
Ober-/Unterhitze:	etwa 180 °C (vorgeheizt)
Heißluft:	etwa 150 °C (nicht vorgeheizt)
Gas:	etwa Stufe 3 (vorgeheizt)
Backzeit	etwa 20 Minuten, die Form herausnehmen, mit
40 g geriebenem Parmesan	bestreuen, noch einmal kurz im Ofen gratinieren lassen
Ober-/Unterhitze:	200 – 220 °C
Heißluft:	190 °C
Gas:	Stufe 4 – 5
Backzeit:	3 – 5 Minuten, den Gratin mit einem frischen Thymianzweig garniert servieren.
Tip:	Sie können für ein besonderes Essen den Sellerie durch 20 mittelgroße Steinpilze ersetzen. Mit einem herzhaften Salat als Zwischengericht oder als Beilage zu Wildgerichten reichen.

Klöße halb und halb

750 g Kartoffeln	waschen, in Wasser zum Kochen bringen, gar kochen lassen, abgießen, pellen, sofort durch die Kartoffelpresse geben, bis zum nächsten Tag kalt stellen
500 g geschälte rohe Kartoffeln	in eine Schüssel mit Wasser reiben, in einem Tuch fest auspressen, zu den gekochten Kartoffeln geben
1 Ei	
65 g Weizenmehl	
1 Teel. Salz	unterkneten, aus dem Teig mit bemehlten Händen 18 Klöße formen, in
kochendes Salzwasser	geben, zum Kochen bringen, gar ziehen lassen (Wasser muß sich leicht bewegen), die garen Klöße gut abtropfen lassen
Kochzeit für die Kartoffeln:	25 – 30 Minuten
Garzeit für die Klöße:	15 – 20 Minuten.
Tip:	Klöße von gekochten und rohen Kartoffeln zu Rouladen oder Schweinebraten reichen.

Kohl mit Knoblauch

	Von
1 Kopf Wirsing	die äußeren Blätter entfernen, den Wirsing achteln, den Strunk herausschneiden, den Kohl waschen, in feine Streifen schneiden
4 Knoblauchzehen	abziehen, halbieren
4 Eßl. Speiseöl	erhitzen, die Knoblauchhälften kurz darin anbraten, die Kohlstreifen hinzugeben, die beiden Zutaten miteinander vermengen
5 Eßl. Instant-Fleischbrühe	hinzugießen, den Kohl mit
Salz	
Pfeffer	abschmecken, zugedeckt etwa 25 Minuten dünsten lassen.

Kümmel-Kartoffeln

(2 Portionen)

800 g Kartoffeln, vorbereitet	schälen, waschen, der Länge nach vierteln in den unteren Teil des Kartoffeldämpfers Wasser einfüllen
½ Teel. Kümmel	einstreuen, den Siebeinsatz darauf stellen, die Kartoffeln hineingeben, zugedeckt etwa 30 Minuten garen lassen.

Meerrettich-Püree mit Apfel-Zwiebel-Gemüse

(2 Portionen)

	Für das Meerrettichpüree
500 g mehligkochende Kartoffeln	schälen, waschen, kleinschneiden, mit
125 ml (⅛ l) Wasser	und
Muskat	zum Kochen bringen, zugedeckt bei schwacher Hitze kochen lassen, das Wasser abgießen, für das Gemüse aufheben die Kartoffeln durch eine Presse drücken oder pürieren
100 ml heiße Milch (1,5 % F.)	dazugießen, cremig rühren
10 g (2 gestr. Teel.) Pflanzenmargarine	
1 Teel. Meerrettich	unterrühren das Püree mit
Salz	abschmecken.

	Für das Apfel-Zwiebelgemüse
200 g Zwiebeln	abziehen, in feine Ringe schneiden, in
15 g (1 Eßl.) Pflanzenöl	goldgelb rösten
100 ml Kartoffelwasser	dazugießen, würzen
1 Apfel (200 g, vorbereitet)	schälen, vierteln, entkernen, in Spalten schneiden, zu den Zwiebeln geben, vorsichtig unterheben das Gemüse bei schwacher Hitze gar dünsten lassen, mit
½ Teel. Majoran Thymian oder Rosmarin, gerebelt Pfeffer Salz	abschmecken.

Möhren-Kartoffel-Pürree

300 g Möhren, vorbereitet	putzen, schrappen,waschen
500 g mehlig-kochende Kartoffeln, vorbereitet	schälen, waschen beide Zutaten in kleine Würfel schneiden einen Topf mit Wasser ausschwenken, Kartoffeln und Möhren hineinfüllen
150 ml (1,5 % F.) Milch	dazugießen, zum Kochen bringen, bei schwacher Hitze etwa 15 Minuten garen lassen die Zutaten fein zerstampfen, evtl. mit dem Schneidestab fein pürieren
1 – 2 Zweige Estragon	waschen, die Blättchen von den Stengeln zupfen, trockentupfen, fein schneiden, mit
1 Teel. geriebenem Meerrettich 20 g (4 gestr. Teel.) Pflanzenmargarine	unter das Pürree geben, mit
Pfeffer Salz	abschmecken.

Nudeln ohne Ei

	Zwei Drittel von
500 g Weizenmehl	in eine Schüssel sieben, in die Mitte eine Vertiefung eindrücken
1 Teel. Salz	mit
1 Teel. Essig	hineingeben
250 ml (¼ l) Wasser	nach und nach von der Mitte aus mit dem Mehl verrühren, den Rest des Mehls unterkneten, sollte der Teig kleben, noch etwas
Weizenmehl	hinzugeben, den Teig mit etwas Weizenmehl bestäuben, in Frischhaltefolie einwickeln, etwa 1 Stunde ruhen lassen, damit das Mehl quellen kann den Teig in nicht zu großen Stücken nudeldick ausrollen, die Teigplatten zum Trocknen auf Küchentücher legen, wenn die Teigplatten soweit getrocknet sind, daß sie nicht mehr aneinanderkleben, aber noch nicht zerbrechen, die Nudeln in gewünschte Länge und Breite schneiden, die Nudeln so lange locker ausgebreitet an der Luft stehen lassen, bis sie vollkommen trocken sind.

Paprika-Lauch-Gemüse

200 g rote Paprikaschoten, vorbereitet	halbieren, entstielen, Kerne und weiße Seitenwände entfernen die Schoten unter fließendem, kaltem Wasser waschen, in kleine Rauten oder Streifen schneiden
200 g Porree (Lauch), vorbereitet	putzen, längs halbieren, in schräge Scheiben schneiden, unter fließendem, kaltem Wasser waschen von
200 g kleinen Zucchini, vorbereitet	die Stengelansätze und braune Stellen entfernen, waschen, in Streifen schneiden
200 g Sojabohnensprossen	waschen, abtropfen lassen in einer großen Pfanne oder einem Wok
15 g (1 Eßl.) Speiseöl	erhitzen, Gemüse zugeben, unter ständigem Rühren garen

1 Knoblauchzehe	abziehen, fein pressen nach 2 – 3 Minuten
Pfeffer aus der Mühle	
1 Eßl. Zitronensaft	
1 Eßl. Sojasauce	und Knoblauch zugeben rühren, bis das Gemüse nach etwa 10 – 12 Minuten gar, doch noch knackig ist, die Hitze muß so groß sein, daß sich keine Garflüssigkeit bildet Gemüse abschmecken, heiß servieren.

Polenta à la Calbrese

750 ml (3/4 l)	
Gemüsebrühe	zum Kochen bringen
150 g Maisgrieß	einrühren, mit
Muskat	würzen, bei schwacher Hitze in etwa 15 Minuten ausquellen lassen, mit
wenig Salz	abschmecken
20 g (2 gestr. Teel.)	
Pflanzenmargarine	unterrühren
	Für die Sauce
750 g Fleischtomaten	kurze Zeit in kochendes Wasser legen (nicht kochen lassen), in kaltem Wasser abschrecken, enthäuten, die Stengelansätze herausschneiden, Tomaten enthäuten, in Würfel schneiden
2 Zwiebeln	abziehen, halbieren, in feine Würfel schneiden, in
5 g (1 Teel.) Pflanzenöl	glasig dünsten lassen Tomaten fein zerdrücken,
1 – 2 Knoblauchzehen	
2 Lorbeerblätter	
3 Wacholderbeeren	
Thymian, gerebelt	
Rosmarin, gerebelt	
Pfeffer	unterrühren die Zutaten ohne Deckel bei schwacher Hitze etwa 20 Minuten zu einer Sauce einköcheln lassen Tomatensauce, Polenta und
30 g Parmesankäse	in eine Schüssel schichtweise einfüllen, mit Parmesankäse abschließen.

Risotto

(Foto Seite 140)

½ abgezogene Zwiebel	fein würfeln, mit
20 g Butter	in einer Glasschüssel etwa 3 Minuten bei 100 °C dünsten lassen, mit
150 g Erbsen oder Erbsen und Möhren (tiefgekühlt oder frisch)	
250 g Brühreis	
½ Brühwürfel	
½ l kaltem Wasser	
1 Teel. Salz	vermengen, zugedeckt in 8 – 12 Minuten bei 100 °C zum Kochen bringen, in etwa 20 Minuten bei 30 °C ausquellen lassen, die Reisspeise aus dem Mikrowellenherd nehmen, zugedeckt 5 – 10 Minuten stehenlassen, evtl. mit
geriebenem Käse	bestreuen. Als Beilage zu gegrilltem Fleisch, Bratwurst, Leber und Salat reichen.
Garzeit insgesamt:	Etwa 30 Minuten.

Risotto

Grün und Rot

1 Zwiebel	
1 Knoblauchzehe	schälen und hacken, in 4 Eßlöffel von
7 Eßl. Speiseöl	glasig dünsten
400 g Rundkornreis	dazugeben und kurz anbraten von
1 ¼ l kochender Fleischbrühe	etwa eine Suppenkelle voll Brühe angießen, nach und nach die Brühe hinzufügen und den Reis etwa 20 Minuten kochen der Reis soll weich, jedoch nicht klebrig sein für den grünen Reis
500 g Spinat	verlesen, blanchieren und abtropfen lassen

150 g ausgepalte frische Erbsen	5 Minuten in 3 Eßlöffel Wasser und 10 g von
50 g Butter	dünsten
	Spinat und die Hälfte der Erbsen pürieren
	das Püree und die Erbsen mit der Hälfte des Reises vermengen
	für den roten Reis
1 Fleischtomate	überbrühen, abschrecken, enthäuten, entkernen und würfeln
1 rote Paprikaschote	halbieren, entstielen, entkernen, weiße Scheidewände entfernen, Schote waschen und fein würfeln
	restliches Öl erhitzen, Gemüse darin andünsten, unter den restlichen Reis mengen
	restliche Butter und
40 g Parmesan-Käse	unter die Reissorten ziehen.

Rosenkohl

	Von
750 g Rosenkohl	die beschädigten und fleckigen äußeren Blättchen entfernen, etwas vom Strunk abschneiden, die Rosenkohlröschen am Strunk kreuzförmig einschneiden, in
Salzwasser	geben, zum Kochen bringen, gar kochen, zum Abtropfen auf ein Sieb geben
50 g Butter	zerlassen, den Rosenkohl darin schwenken, mit
Salz	
geriebener Muskatnuß	abschmecken
Kochzeit:	Etwa 20 Minuten.

Teltower Rübchen und Möhrchen

500 g Teltower Rübchen	
500 g Möhren	das Gemüse putzen, mit einem Sparschäler schälen, waschen, in Scheiben schneiden, Rübchen vorher halbieren
50 g Butter	zerlassen
50 g Zucker	darin unter Rühren karamelisieren lassen, das Gemüse dazugeben, durchrühren, gar dünsten lassen, mit
1 Eßl. gehackter Petersilie	bestreuen
Dünstzeit:	8 – 10 Minuten.

Tomaten

750 g mittelgroße feste Tomaten	kurze Zeit in kochendes Wasser legen, in kaltem Wasser abschrecken, enthäuten
50 g Butter oder Margarine	zerlassen, die Tomaten nebeneinander hinstellen, mit
Salz frisch gemahlenem Pfeffer	bestreuen, gardünsten lassen, mit
1 Eßl. gehackter Petersilie oder Schnittlauch	bestreuen
Dünstzeit:	Etwa 10 Minuten.

Würziger Orangenreis

(2 Portionen)

1 Zwiebel	abziehen, halbieren, in feine Würfel schneiden
150 g Sellerieknolle, vorbereitet	putzen, schälen, waschen, in kleine Würfel schneiden
	die Zwiebelwürfel in
5 g (1 Teel.) Pflanzenöl	glasig dünsten lassen, Selleriewürfel und
100 g Langkornreis	hinzufügen, kurz andünsten
50 ml Apfelsinensaft, frisch gepreßt	
150 ml Wasser	
20 g Rosinen (ungeschwefelt)	
1 Lorbeerblatt	hinzufügen, mit
Pfeffer	
Muskat	
wenig Salz	würzen
	bei schwacher Hitze in 12 – 15 Minuten ausquellen lassen, das Lorbeerblatt entfernen, den Orangenreis mit Pfeffer, Muskat und wenig Salz abschmecken.

Würziger Rotkohl

600 g Rotkohl, vorbereitet	von welken Blättern befreien, waschen, den Strunk herausschneiden
2 Zwiebeln	abziehen, vierteln
250 g Äpfel, vorbereitet	schälen, vierteln, entkernen
	Rotkohl, Zwiebel und Äpfel sehr fein hobeln, in einen Topf füllen
4 Eßl. Weinessig	
1 Tasse (150 ml) Wasser	
1 Lorbeerblatt	
2 Gewürznelken	
4 – 5 Wacholderbeeren	
Piment, gemahlen	hinzufügen, bei schwacher Hitze 45 Minuten gar dünsten lassen, ab und zu wenden, den Kohl mit
wenig Salz	abschmecken.

Salate

Amerikanischer Salat x

	Für die Sauce
1 Becher (150 g) Magerjoghurt (1,5 % F.)	glattrühren
3 Eßl. gemischte, gehackte Kräuter Obstessig oder Zitronensaft Pfeffer Salz	unterrühren
1 Banane	abziehen, in Scheiben schneiden
150 g roter Apfel, vorbereitet	abziehen, in Scheiben schneiden
100 g Staudensellerie, vorbereitet	waschen, in Scheiben schneiden die 3 Zutaten mit der Sauce vermengen
½ Kopf Eissalat	von welken Blättern befreien, unter fließendem kaltem Wasser waschen, abtropfen lassen den Eissalat vierteln, in etwa 2 cm breite Streifen schneiden, den Salat vor dem Servieren unter die Sauce heben.

Bohnen-Champignon-Salat

500 g zarte Brechbohnen	abfädeln, waschen, in Stücke brechen, in
leicht gesalzenem Wasser	etwa 15 Minuten kochen, abtropfen lassen
	Für die Salatsoße
2 Schalotten	abziehen, fein würfeln, mit
6 Eßl. Olivenöl 2 Eßl. Essig ½ Teel. Senf Pfeffer ¼ Teel. Zucker	verrühren, mit den noch warmen Bohnen vermengen, einige Stunden durchziehen lassen

150 g Champignons	putzen, waschen, in feine Scheiben schneiden, unter den Salat heben, mit
2 Eßl. Schnittlauchröllchen	bestreuen.

Bohnen-Salat

500 g Grüne Bohnen	evtl. abfädeln, waschen, in etwa 4 cm lange Stücke brechen oder schneiden, in
125 ml (⅛ l) kochendes Salzwasser	geben, gar dünsten, abtropfen lassen Für die Salatsoße
3 Eßl. Salatöl	mit
1 Eßl. Essig	verrühren, mit
Salz	
Pfeffer	
Zucker	abschmecken
1 mittelgroße Zwiebel	abziehen, fein würfeln
1 Eßl. gehackte Kräuter (Petersilie, Dill, Bohnenkraut)	die Zutaten unterrühren, die noch warmen Bohnen mit der Soße vermengen, den Salat gut durchziehen lassen, evtl. mit Salz, Pfeffer, Zucker abschmecken
Dünstzeit:	Etwa 30 Minuten.
Tip:	Für den Bohnen-Salat sollten die Bohnen noch heiß mit der Salatsoße vermengt werden, damit sie die Gewürze gut aufnehmen können.

Brunnenkressesalat

(Foto Seite 157)

	Von
2 Bund Brunnenkresse (etwa 300 g)	die gelben Blätter und die dickeren Stiele entfernen, die Brunnenkresse vorsichtig abspülen, abtropfen lassen

	Für die Salatsoße
6 Schalotten oder 1 kleine Zwiebel	abziehen, halbieren, in Scheiben schneiden, mit
3 – 4 Eßl. Salatöl 3 – 4 Eßl. Essig Salz Pfeffer Zucker 2 Eßl. gehackten Kräutern	verrühren.

Bunter Frisée-Salat

	Von
1 Frisée- oder Endiviensalat	die äußeren Blätter entfernen, die übrigen vom Strunk lösen, die Salatblätter gründlich waschen, gut abtropfen lassen, auf vier Portionstellern anrichten
3 Tomaten	waschen, abtrocknen, die Stengelansätze herausschneiden, die Tomaten in Scheiben schneiden
100 g Champignons	putzen, waschen, abtrocknen, in dünne Scheiben schneiden
2 kleine Möhren	putzen, schälen, waschen, in lange, feine Streifen schneiden
1 Kästchen Kresse	waschen, trockentupfen, die Blättchen mit einer Küchenschere abschneiden, Tomaten- und Champignonscheiben, Möhrenstreifen und Kresseblättchen auf dem Frisée-Salat anrichten, für die Salat-Sauce
4 Eßl. Olivenöl	mit
3 Eßl. Weißwein-Essig	verrühren, mit
Salz Zucker frisch gemahlenem schwarzem Pfeffer	würzen, nach Belieben
1 Teel. gehackte Thymianblättchen	unterrühren, die Salat-Sauce gleichmäßig über die angerichteten Salatportionen träufeln, etwas durchziehen lassen.

Endivien-Salat

	Von
1 mittelgroßen Kopf Endiviensalat (375 g)	Wurzel und äußere Blätter abschneiden, die übrigen Blätter übereinanderlegen, in schmale Streifen schneiden, sorgfältig waschen, sollte der Salat bitter sein, ihn ½ Stunde in lauwarmes Wasser legen, gut abtropfen lassen.
	Für die Salatsoße
3 Eßl. Salatöl	mit
2 Eßl. Essig	verrühren, mit
Salz	
Pfeffer	
Zucker	abschmecken
1 Eßl. gehackte Kräuter (Petersilie, Schnittlauch)	unterrühren, den Salat mit der Soße vermengen.

Fenchel-Orangen-Salat

(Foto Seite 158)

	Für die Salatsoße
2 Eßl. Salatöl	mit
1 Eßl. Essig	
5 Eßl. Wasser	
3 Eßl. Gin	
Zucker	verrühren, mit
Salz	
frisch gemahlenem Pfeffer	würzen.
500 g Fenchelknollen	waschen, die braunen Stellen abschneiden, die Knollen in dünne Streifen schneiden, mit Salatsoße beträufeln, etwas ziehen lassen

3 mittelgroße Orangen (je 150 g)	schälen, von der weißen Haut befreien, in dünne Scheiben schneiden, vierteln, abwechselnd mit dem Fenchel in eine Salatschüssel schichten, die Soße darübergeben.
Abwandlung:	Den Salat auf geschälten Orangenscheiben anrichten, mit Dillzweigen garnieren.

Fischsalat „Poseidon“

300 g Rotbarschfilet	unter fließendem kaltem Wasser abspülen, trockentupfen, mit
Zitronensaft	beträufeln, etwa 15 Minuten stehenlassen, wieder trockentupfen, mit
Pfeffer	
wenig Salz	würzen
	das Fischfilet in
15 g (1 Eßl.) Pflanzenöl	von beiden Seiten 3 – 4 Minuten braten
	den Fisch erkalten lassen
200 g Staudensellerie, vorbereitet	putzen, waschen, in feine Scheiben schneiden
1 Becher (150 g) Joghurt (1,5 % F.)	
½ Teel. Curry	verrühren
120 g Apfel, vorbereitet	waschen, achteln, entkernen.
1 Banane (80 g, ohne Schale)	schälen
	beide Zutaten in Scheiben schneiden, sofort mit dem Joghurt vermengen
1 Bund Basilikum	abspülen, trockentupfen, Blättchen von den Stengeln zupfen, fein schneiden
	Basilikum und Staudensellerie unter das Obst rühren mit Zitronensaft, Pfeffer und wenig Salz abschmecken
	den Fisch mit Hilfe von 2 Gabeln in grobe Stücke zerpflücken (evtl.vorhandene Gräten entfernen) vorsichtig unter den Salat heben, durchziehen lassen.

Fruchtiger Gemüse-Putensalat

	Für die Marinade
Saft von 1 Zitrone	
15 g (1 Teel.) flüssigen Honig	
1 Msp. Cayennepfeffer	
Sojasauce	und 1 Eßlöffel von
30 g (2 Eßl.) Sojaöl	verrühren
200 g (2 kleine) Williams-Birnen, vorbereitet	waschen, Kerngehäuse entfernen, in Stücke schneiden, gleich mit der Sauce vermengen
200 g Möhren, vorbereitet	putzen, waschen, grob raspeln
200 g Chinakohl, vorbereitet	waschen, in feine Streifen schneiden
200 g Putenbrustfleisch	in Streifen schneiden, in dem restlichen Öl 2 Minuten kräftig anbraten
30 g (2 Eßl.) Sesamsamen	zugeben, mit Pfeffer würzen alle Zutaten vermengen, sofort servieren.

Gemüsesalat – lauwarm

	Von
250 g Zuckerschoten	die Enden abschneiden, die Schoten waschen
250 g Blumenkohl	
250 g Broccoli	beides in Röschen teilen, waschen
250 g grünen Spargel	waschen, die unteren Enden abschneiden oder schälen
250 g weißen Spargel	schälen, die 5 Gemüsesorten jede für sich in
1 l kochende Gemüsebrühe	geben, 3 – 12 Minuten bißfest garen, auf ein Sieb geben, abtropfen lassen, etwas abkühlen lassen.

	Für die Salatsoße
3 Eßl. Weißweinessig	mit
Salz	
frisch gemahlenem	
Pfeffer	
etwas Zucker	
1 Teel. Senf	verrühren
6 Eßl. Distelöl	unterrühren, die Gemüsesorten vorsichtig mit der Soße vermengen, etwas durchziehen lassen, auf einer Platte anrichten
1 Becher (150 g)	
Joghurt	mit
2 Eßl. gemischten,	
gehackten Kräutern,	
z. B. Dill, Petersilie,	
Basilikum	verrühren, mit Salz, Pfeffer, Zucker abschmecken, über das Gemüse geben.

Hähnchensalat mit Gemüse

1 Hähnchen	
(etwa 1 kg)	unter fließendem kaltem Wasser abspülen
Salzwasser	zum Kochen bringen
1 abgezogene Zwiebel	
1 Lorbeerblatt	
4 Wacholderbeeren	dazugeben, das Hähnchen in das Wasser geben, zum Kochen bringen, etwa 1 Stunde kochen lassen, das Hähnchen herausnehmen, erkalten lassen, enthäuten, das Fleisch von den Knochen lösen, in Würfel schneiden
2 Orangen	
(etwa 200 g)	schälen, von der weißen Haut befreien, in Spalten teilen, in Stücke schneiden
50 g TK-Erbsen	auftauen lassen
1 Zwiebel	abziehen, würfeln
185 g Spargel	
(aus der Dose)	auf ein Sieb geben, abtropfen lassen, den Saft dabei auffangen, den Spargel in kleine Stücke schneiden,

	Für die Salatsoße
100 ml Spargelsaft	mit
1 Eßl. Essig	
½ Teel. Currypulver	
2 Bechern	
(je 150 g) Joghurt	verrühren, mit
Salz	
frisch gemahlenem	
Pfeffer	
Worcestersoße	würzen, mit den Salatzutaten vermengen, den Salat 1 Stunde ziehen lassen, mit
feingeschnittenem	
Schnittlauch	bestreut servieren.

Herbstsalat

1 Becher (150 g)	
Joghurt (1,5 % F.)	
15 g (1 Eßl.)	
Pflanzenöl	verrühren
2 Eßl. gehackte, glatt-	
blättrige Petersilie	
6 – 7 Blättchen	
gehackte Zitronen-	
melisse	unterrühren, die Sauce mit
Zitronensaft	
Pfeffer	
wenig Salz	würzen
200 g kleine Zucchini	
vorbereitet	waschen, die Enden abschneiden
2 Lauchzwiebeln	putzen, waschen Zucchini in feine Scheiben, Zwiebeln in feine Ringe schneiden beide Zutaten mit der Sauce vermengen
300 g Chicorée,	
vorbereitet	putzen, waschen, halbieren, die Keile herausschneiden, die Chicorée in etwa 1 ½ bis 2 cm breite Stücke schneiden vor dem Servieren unter den Salat heben.

Kohlsalat

(Foto Seite 159)

500 g Weißkohl	putzen, die äußeren Blätter und den Strunk entfernen, den Kohl so fein wie möglich hobeln, in
kochendem Salzwasser	1 Minute blanchieren, abgießen und gut abtropfen lassen
Salz	
Pfeffer	
¼ Teel. Zucker	
2 Eßl. Apfelessig	verrühren
4 Eßl. Sonnenblumenöl	
150 g saure Sahne	
2 Eßl. geriebenen Meerrettich	darunterrühren
2 Äpfel	waschen, Kerngehäuse entfernen, würfeln, sofort in die Sauce geben, damit sie sich nicht verfärben alles mit dem Weißkohl vermengen und auf Weißkohlblättern anrichten
Kürbiskerne	ohne Fett in der Pfanne rösten und über den Salat streuen.

Möhren-Apfel-Salat

500 g Möhren	putzen, schälen, waschen
250 g Äpfel	schälen, vierteln, entkernen, beide Zutaten raspeln.
	Für die Salatsoße
2 – 3 Eßl. Zitronensaft	mit
1 Teel. Salatöl	
Salz	
Zucker	verrühren, Möhren und Äpfel mit der Soße vermengen, den Salat mit Salz, Zucker abschmecken.

Radicchio mit Feldsalat

(Foto Seite 160)

	Von
etwa 150 g Radicchio	die Wurzelenden abschneiden, die welken Blätter entfernen, die anderen auseinanderpflücken (größere Blätter teilen), von
etwa 100 g Feldsalat	die Wurzelenden abschneiden, welke Blätter entfernen (größere Blätter teilen) die Radicchio- und Feldsalatblätter gründlich waschen, gut abtropfen lassen.
	Für die Salatsauce
1 Zwiebel	abziehen, würfeln, mit
4 – 5 Eßl. Speiseöl	
2 Eßl. Essig	
1 Teel. Senf	verrühren, mit
Salz, Pfeffer	
Zucker	würzen
1 Eßl. feingeschnittenen Schnittlauch	unterrühren, mit den Salatzutaten vermengen, den Salat mit
Eierachteln	garnieren, sofort servieren.

Rettich-Salat

3 mittelgroße Rettiche (750 g)	schälen, waschen, grob raspeln.
	Für die Salatsoße
3 Eßl. Salatöl	mit
2 Eßl. Essig oder Zitronensaft	verrühren, mit
Salz	
Zucker	abschmecken
1 mittelgroße Zwiebel	abziehen, fein würfeln

2 schwach gehäufte Eßl. saure Sahne (10 % Fett)	
1 Eßl. gehackte Kräuter (Petersilie, Schnittlauch)	die Zutaten unterrühren, den Rettich mit der Soße vermengen, den Salat etwa 1 Stunde durchziehen lassen.

Rote Bete-Salat

430 g gekochte Rote Bete-Scheiben	zum Abtropfen auf ein Sieb geben, den Saft auffangen, 4 Eßl. davon abmessen
4 mittelgroße Zwiebeln	abziehen, in Scheiben schneiden
2 mittelgroße Äpfel	schälen, achteln, entkernen, in Scheiben schneiden
1 Teel. feinwürfelig geschnittener Meerrettich	
	Für die Salatsoße
4 Eßl. Rote Bete-Saft	mit
3 Eßl. Salatöl	
2 Eßl. Essig	verrühren, mit
Salz	
Pfeffer	
Zucker	abschmecken
feingehackten Borretsch	unterrühren, die Salatzutaten mit der Soße vermengen, den Salat gut durchziehen lassen.

Nachspeisen

Apfel-Trauben-Gelee

(Foto Seite 177)

400 ml Apfelsaft, naturrein	abmessen
5 Blatt weiße Gelatine	etwa 5 Minuten in kaltem Wasser einweichen, leicht ausdrücken, bei schwacher Hitze in einem kleinen Topf im Wasserbad auflösen, etwas abkühlen lassen, unter den Apfelsaft rühren, kalt stellen
je 150 g blaue und grüne Weintrauben	halbieren, evtl. entkernen
6 – 8 kleine Zitronenmelisseblättchen	waschen
	beginnt die Apfelsaftmasse zu stocken, Weintrauben und Zitronenmelisseblättchen unterrühren
	die Speise kalt stellen, damit sie fest wird.

Apfelmus

750 g Äpfel	waschen, entkernen, in kleine Stücke schneiden, mit
5 Eßl. Wasser	zum Kochen bringen, weich kochen lassen, durch ein Sieb streichen und mit
etwa 50 g Zucker	abschmecken.

Beerenkompott „Dijon“

600 g gemischte rote Beeren (Himbeeren, Johannisbeeren, Heidelbeeren, Brombeeren, tiefgekühlt)	das gefrorene Obst in eine Glasschale geben
250 ml (¼ l) kräftigen Rotwein	mit

(Fortsetzung auf Seite 181)

100 g Zucker	
1 Zimtstange	
1 Nelke	
1 Stück Zitronenschale (unbehandelt)	zum Kochen bringen, dann etwa 5 Minuten bei milder Hitze köcheln lassen, die Würzzutaten entfernen
1 Teel. Speisestärke	mit
etwas Wasser	anrühren und unter Rühren wieder zum Kochen bringen, von der Kochstelle nehmen, mit
6 Eßl. Cassis Likör	verfeinern und in einer schönen Glasschale über die gefrorenen Früchte gießen wenn möglich über Nacht ziehen lassen bei Zimmertemperatur servieren.

Beerenschaum

200 ml Rotwein	mit
200 ml Apfelsaft	
60 g Zucker	
1 Zimtstange	zum Kochen bringen
60 g Speisestärke	mit
100 ml Apfelsaft	anrühren, unter Rühren in den kochenden Wein geben, aufkochen
4 Eiweiß	steif schlagen, unter das Weingelee heben, nochmals aufkochen, mit
200 g Brombeeren	vermischen, kalt stellen.

Frucht-Grütze

250 g Pfirsiche, vorbereitet	waschen, halbieren, entsteinen, in kleine Stücke schneiden
250 g frische Himbeeren	evtl.verlesen (nicht waschen)
15 g Speisestärke	mit 2 – 3 Eßlöffeln von
400 ml schwarzem Johannisbeersaft, naturrein	glattrühren. Den übrigen Saft mit

½ Stange Zimt	
1 Gewürznelke	
flüssigem Süßstoff	zum Kochen bringen, mit der angerührten Stärke binden, die Früchte unter den angedickten Saft rühren (Zimtstange und Nelke entfernen). evtl. mit Süßstoff abschmecken, die Fruchtgrütze kaltstellen.

Fruchtgelee mit eingemachtem Obst

500 g eingemachtes Obst (aus dem Glas)	abtropfen lassen, von dem Saft 500 ml (½ l) abmessen (evtl. mit Wasser ergänzen), mit
Vanillin-Zucker	
Zucker	abschmecken, mit knapp der Hälfte des Saftes
1 Päckchen Gelatine gemahlen, weiß oder rot	anrühren, 10 Minuten zum Quellen stehenlassen, unter Rühren erwärmen, bis sie gelöst ist, unter den restlichen Fruchtsaft rühren, kalt stellen wenn der Saft dicklich ist, die Früchte unterheben (große Früchte zerkleinern) die Speise kalt stellen, damit sie fest wird.
Beigabe:	Soße, zubereitet mit Soßen-Pulver ohne Kochen, Vanille-Geschmack.

Fruchtiger Quark-Dip

250 g Speisequark (20 % Fett)	mit
5 Eßl. Crème double	
8 Eßl. süßer Sahne	
1 Eßl. Rosenwasser	
1 Teel. Ahornsirup	cremig rühren
100 g frische Datteln	entkernen, soweit wie möglich die harte Schale abziehen und das Fruchtfleisch hacken, unterziehen
2 Orangen	schälen, in Spalten teilen
2 Delicious	gründlich waschen, trockenreiben, in Spalten schneiden

400 g Weintrauben	waschen, Beeren abzupfen, Dip in eine flache Schüssel füllen, Fruchtspalten und Trauben auf einer Platte anrichten – für die Trauben kleine Spießchen dazulegen.
Tip:	Je nach Jahreszeit können die Früchte variiert werden: von frischen Beeren über Melonenspalten bis zu Pfirsich und Aprikose – erlaubt ist, was schmeckt.

Heidelbeer-Dessert

(Foto Seite 178)

300 g Heidelbeeren (frisch oder tiefgefroren)	waschen, abtropfen lassen Beeren und
500 ml (½ l) Buttermilch	mischen mit dem ausgekratzten Mark von
1 Stange Vanille **evtl. etwas Süßstoff** **Schale von ½ Zitrone, unbehandelt**	abschmecken
8 Blatt Gelatine	in kaltem Wasser einweichen, leicht ausdrücken, im Wasserbad oder auf der Automatikplatte (12-Stufen-Regelung) auf Stufe 2 auflösen und unter die Heidelbeer-Milch rühren in vier mit kaltem Wasser ausgespülte Förmchen einfüllen und gelieren lassen.

Johannisbeeren mit Cornflakes

375 g Johannisbeertrauben	waschen, gut abtropfen lassen, entstielen, die Johannisbeeren mit
50 g Zucker	vermengen, zum Saftziehen stehenlassen, auf 4 Dessertschälchen verteilen, kurz vor dem Verzehr jeweils 2 Eßl. von
30 g Cornflakes	darauf geben

2 Becher (je 150 g)	
Joghurt (3,5 % Fett)	verrühren, darüber verteilen.
Tip:	Johannisbeeren mit Cornflakes sind ideal als leichte Zwischenmahlzeit.

Kiwi-Himbeer-Sülze

2 Kiwi (200 g)	waschen, schälen, der Länge nach vierteln, in Scheibchen schneiden und 5 Minuten in
2 Eßl. Weißwein	dünsten, abkühlen lassen
200 g Himbeeren, vorbereitet	waschen, gut abtropfen lassen
200 ml Orangensaft, frisch gepreßt	kühl stellen
7 Blatt Gelatine	in kaltem Wasser einweichen, ausdrücken, im Wasserbad oder auf der Automatikplatte, Stufe 2 (12-Stufen-Regelung) auflösen aufgelöste Gelatine und Kiwifond in den Orangensaft einrühren beginnt die Masse zu stocken, die Früchte untermischen in eine mit Klarsichtfolie ausgelegte Kastenform einfüllen und kühlgestellt gelieren lassen in Scheiben aufgeschnitten servieren.
Tip:	Mit Sahnetupfern garnieren, Himbeer- oder Vanillesauce dazu servieren.

Mangosorbet mit Früchten in Weingelee

	Für das Sorbet
300 g reifes Mangofleisch	im Mixer fein pürieren, mit
70 g Zucker	
2 cl Mandellikör	
100 ml Passionsfruchtsaft	verrühren, in einer Eismaschine festfrieren lassen oder die Fruchtmischung in eine Schüssel füllen, unter gelegentlichem Umrühren im Gefrierschrank frieren lassen.

	Für das Weingelee
200 ml klaren Fruchtsaft	mit
100 ml Weißwein	
30 g Zucker	
4 Blatt eingeweichter, weißer Gelatine	erwärmen, auflösen, mit der Fruchtsaft-Weißwein-Mischung verrühren
5 Eßl. gemischte Beerenfrüchte	waschen, trockentupfen, in vier Moccatassen verteilen, die Fruchtsaft-Weißwein-Mischung in die Tassen geben, erstarren lassen, zum Anrichten aus dem Sorbet Nocken abstechen, Früchte in Weingelee stürzen, auf einem mit
Puderzucker	bestäubten Teller servieren.

Mirabellenkompott

(Foto Seite 179)

500 g Mirabellen	waschen, entstielen
125 ml (⅛ l) Wasser	mit
75 g Zucker	zum Kochen bringen, die Mirabellen hineingeben, zum Kochen bringen, weich kochen lassen, das Kompott erkalten lassen, evtl. mit
Zucker	abschmecken.

Obstsalat

(Foto Seite 180)

2 Äpfel	schälen, vierteln, entkernen
1 Mango	schälen, halbieren, entkernen
1 Nektarine	
1 Pfirsich	beide Zutaten waschen, abtrocknen, halbieren, entkernen
1 Kiwi	
1 Banane	beide Zutaten schälen, das Obst in kleine Stücke (Banane in Scheiben) schneiden
100 g Sauerkirschen	waschen, gut abtropfen lassen, entstielen, entsteinen

100 g Erdbeeren	waschen, gut abtropfen lassen, entstielen, in Stücke schneiden
100 g Himbeeren	sorgfältig verlesen, das Obst mit
3 Eßl. Zitronensaft	
2 Eßl. Zucker	vermengen.
Beigabe:	Schlagsahne.

Rhabarber-Kompott

500 g Rhabarber	waschen, in etwa 2 cm lange Stücke schneiden (nicht abziehen), mit
100 g Zucker	bestreuen, sobald der Rhabarber Saft gezogen hat,
1 Päckchen Vanillin-Zucker	hinzufügen, den Rhabarber weich dünsten, das Kompott erkalten lassen, evtl. mit
Zucker	abschmecken.

Rote Grütze

(6 Portionen)

250 g Brombeeren (vorbereitet gewogen)	
250 g Johannisbeeren (vorbereitet gewogen)	
500 g Himbeeren (vorbereitet gewogen)	
250 g Erdbeeren (vorbereitet gewogen)	die Brombeeren und je ⅔ der übrigen Früchte mit
375 ml (⅜ l) Wasser	
125 g Zucker	zum Kochen bringen, gar kochen lassen, durch ein Sieb streichen
45 g Speisestärke, z. B. Gustin	mit 4 Eßl. von
125 ml (⅛ l) Weißwein	anrühren, die Fruchtmasse damit binden, den restlichen Weißwein und die Früchte unterrühren, die Rote Grütze in eine Glasschale oder in Dessertschälchen füllen, kalt stellen.
Beigabe:	Angeschlagene Sahne.

Sauerkirschen in Baisertörtchen

	Für die Baisermasse
3 Eiweiß	steif schlagen
150 g Zucker	nach und nach eßlöffelweise unterschlagen, die Masse in einen Spritzbeutel füllen, 10 Törtchen (Durchmesser etwa 6 cm, Randhöhe etwa 2 cm) auf ein mit Backpapier belegtes Backblech spritzen
Ober-/Unterhitze:	110 – 130 °C (vorgeheizt)
Heißluft:	etwa 100 °C (vorgeheizt)
Gas:	25 Minuten Stufe 1, 25 Minuten aus, 25 Minuten Stufe 1
Backzeit:	70 – 100 Minuten.
	Für die Füllung
1 kg Sauerkirschen	waschen, entstielen, entsteinen, mit
75 g Zucker	bestreuen, abtropfen lassen, die Baisertörtchen mit den Sauerkirschen füllen, auf einer Platte anrichten.
	Zum Verzieren
250 ml (¼ l) Schlagsahne	mit
1 Päckchen Sahnesteif	
1 Päckchen Vanillin-Zucker	steif schlagen, die Törtchen damit verzieren, mit
geraspelter Schokolade	bestreuen.

Stachelbeergrütze mit feiner Vanillesoße

	Für die Grütze
500 g Stachelbeeren	von Stiel und Blüte befreien, waschen, gut abtropfen lassen, mit
125 ml (⅛ l) Wasser	
175 g Zucker	zum Kochen bringen, weich kochen lassen
60 g Speisestärke	mit

125 ml (⅛ l)
kaltem Wasser anrühren, unter Rühren in die kochenden, von der Kochstelle genommenen Stachelbeeren geben, kurz aufkochen lassen, die Stachelbeergrütze in eine kalt ausgespülte Sturzform oder in eine kalt ausgespülte Glasschale füllen, einige Stunden kalt stellen

Für die Soße

1 Päckchen
Soßen-Pulver
Vanille-Geschmack
40 g Zucker
1 Ei nach und nach mit
500 ml (½ l)
kalter Milch in einem Topf verschlagen, die Flüssigkeit unter Rühren zum Kochen bringen, kurz aufkochen lassen, kalt stellen, ab und zu durchrühren, damit sich keine Haut bildet, die erkaltete Stachelbeergrütze auf einen Teller stürzen, mit der Soße servieren.

Stachelbeer-Kompott

500 g halbreife
Stachelbeeren von Stiel und Blüte befreien, waschen
125 ml (⅛ l)
Wasser mit
100 g Zucker zum Kochen bringen, die Stachelbeeren hineingeben, zum Kochen bringen, weich kochen (nicht durchrühren), das Kompott erkalten lassen, evtl. mit
Zucker abschmecken.
Tip: Bei der Zubereitung von Kompott ist es wichtig, daß das Obst nicht zerkocht. Bei vielen Früchten reicht schon ein Aufkochen und evtl. Durchziehen im geschlossenen Topf.

Vorspeisen und Snacks

Suppen und Eintöpfe

Fleisch

Fisch

Geflügel und Wild

Vegetarische Hauptgerichte

Beilagen und Gemüse

Salate

Nachspeisen